W0382528

MAIN BASSE SUR JOHNNY

ARMEL MEHANI
SÉBASTIEN CATROUX

MAIN BASSE SUR JOHNNY

l'Archipel

Notre catalogue est consultable à l'adresse suivante :
www.editionsarchipel.com

Éditions de l'Archipel
34, rue des Bourdonnais
75001 Paris

ISBN 978-2-8098-2523-7

Copyright © L'Archipel, 2018.

I

« Madame Boudou »

En se croisant dans les couloirs du tribunal de grande instance de Nanterre, Pierre-Olivier Sur, représentant Laura Smet, et Ardavan Amir-Aslani, conseil de sa belle-mère Laeticia, se donnent du « cher maître ». C'est la deuxième fois que ces avocats à la solide réputation s'affrontent. Le 15 mars 2018, une première audience avait été renvoyée en attente d'éléments complémentaires concernant le montage financier constitué par Johnny Hallyday pour gérer sa fortune aux États-Unis. Quinze jours plus tard, le 30 mars, on prend les mêmes et on recommence. Carine Piccio, avocate de David Hallyday, persiste, comme lors du premier round, à nommer Laeticia « Mme Boudou ». Arguant : « C'est le seul nom qu'elle ne perdra jamais. » Ambiance. De son côté, le conseil de la même Laeticia, Me Amir-Aslani, tape dur en rappelant au moins aussi perfidement que la même Laeticia a aidé sa belle-fille Laura, née de l'union du défunt avec l'actrice Nathalie Baye, quand elle était « en garde à vue » ou « internée à Sainte-Anne ». Le camp des aînés de Johnny s'insurge, coupe la parole à l'avocat. La présidente intervient, les deux parties semblent irréconciliables. Et la médiation, impossible.

Depuis des mois, l'enjeu de ces débats fait du bruit, beaucoup de bruit. Au-delà de considérations judiciaires et techniques un brin ennuyeuses – David et Laura réclament à la fois un gel du patrimoine de Johnny afin de contester son testament rédigé aux États-Unis, qui les exclut (accordé), et un droit de regard sur l'album posthume (finalement refusé) –, une seule question compte : Laeticia a-t-elle forcé la main d'un Johnny affaibli pour rafler le magot et écarter du testament ses beaux-enfants ? Pour nombre de ceux qui suivent jour après jour ce feuilleton mêlant *Dallas* et *Châteauvallon*, avec de larges extraits du Code civil concernant le droit des successions, la réponse est oui. En seulement trois mois, Laeticia, la Mère Courage qui a accompagné l'idole dans ses derniers instants, s'est muée pour une grande partie de l'opinion publique en une créature vénale à qui l'on ne pardonne plus rien. La veuve du rockeur est devenue la femme la plus détestée de France, cachée quelque part entre Los Angeles et l'île de Saint-Barthélemy, où elle dépenserait un argent qu'elle n'a pas gagné.

Le père Boudou ? Sa famille à elle ? Ils sont en général perçus comme des « beaufs » du sud de la France, qui ont fait fortune dans le monde de la nuit avant de toucher le gros lot.

Trônant au milieu de ce marigot, Hallyday est mort. On ne touche pas – pas encore – à l'idole. Même si, paraît-il, il n'est pas complètement blanc-bleu dans tout ça. Mais bon, c'est Johnny, il pouvait tout se permettre. Haro, en revanche, sur Laeticia et les Boudou, à peine dignes des anti-héros du film *Affreux, sales et méchants* d'Ettore Scola, et bien moins sympathiques que *Les Tuche* de Jean-Paul Rouve et Olivier Baroux.

N'en jetez plus…

Sainte Laeticia de la Madeleine

Trois mois plus tôt, Laeticia est encore « sainte Laeticia », mi-infirmière mi-garde du corps, celle qui a su éviter le naufrage à Johnny lors de la dernière partie de sa vie, lui offrant équilibre et vie de famille stable. Elle n'est pas cette Laeticia qui sera caricaturée en mante religieuse, affichée sur tous les kiosques de France en une de *Charlie Hebdo*.

Perchés sur une estrade placée sur la droite de l'église de la Madeleine, les photographes n'attendent qu'elle, le 9 décembre 2017 en fin de matinée. Pour la presse, c'est le lieu où il faut être. Arrivé très tôt, un journaliste chevronné s'en amuse : on l'a entraperçu sur TF1 lors du direct, et il a immédiatement reçu une foule de SMS de félicitations. En ce jour particulier, à chacun son heure de gloire. Sur l'un des écrans géants posés sur la façade de l'édifice, des images captées par hélicoptère montrent la progression du corbillard, qui quitte le funérarium du mont Valérien puis roule, flanqué de motards, à travers l'ouest parisien blanchi de neige, direction la place de l'Étoile et l'Arc de Triomphe. Là-bas, la foule est immense. Cinq cent mille personnes, au bas mot. La rue Royale, qui relie la place de la Concorde à la Madeleine, grouille de monde tout comme l'avenue des Champs-Élysées. L'hommage populaire très officiellement rendu par la République à Johnny, mort chez lui à Marnes-la-Coquette le 5 décembre, se joue à ciel ouvert et à guichets fermés.

Le dernier dîner

Cette soirée du 5 décembre promettait pourtant d'être comme les autres à Marnes-la-Coquette, verdoyante commune de la banlieue ouest, proche de Paris, où Johnny, dès le tout début de sa carrière, s'est juré d'habiter un jour, épaté par la demeure que Maurice Chevalier y possédait. Depuis le 18 novembre, lorsqu'il est sorti de la clinique Bizet, un établissement du XVIe arrondissement de Paris où il a séjourné quelques jours pour détresse respiratoire, Johnny ne quitte presque plus sa chambre. Plus précisément son bureau du premier étage, transformé en chambre, puisqu'il ne peut plus monter les escaliers et que son fauteuil roulant ne passe pas dans l'ascenseur. Amaigri, couturé de partout, son corps autrefois si robuste l'a peu à peu lâché, et la fin est proche. Car on ne guérit pas d'un cancer comme le sien. Dans la cuisine, autour de Laeticia, sa mère Françoise et sa grand-mère Élyette, surnommée « Mamie Rock », on trouve quelques copains du couple, dont le cuisinier Jean-François Piège et sa femme, Élodie, ou encore la chef Hélène Darroze. Les gamines, Jade et Joy, sont également présentes dans la vaste demeure, avec leur nounou Sylviane. Au menu, il y a de la langouste.

Tout d'un coup, tous perçoivent de l'agitation dans la chambre-bureau où s'affaire l'équipe médicale présente vingt-quatre heures sur vingt-quatre. Alors qu'il a demandé à rejoindre sa chaise roulante, Johnny s'y est éteint, assis, après avoir levé les yeux au ciel. Malgré les tentatives de réanimation, c'est bel et bien fini. Johnny Hallyday rend son dernier souffle à 22 h 10, selon le constat de décès.

Johnny et Elvis, même combat

Retour à Paris, quatre jours plus tard. Escorté à la fois par les motards de la police et près de sept cents *bikers* venus de toute la France, le cortège funéraire descend les Champs-Élysées. À faible allure, afin de laisser le temps à l'armée de fans de Johnny, compacte et recueillie, d'applaudir sa dépouille, installée à l'arrière largement vitré d'une Binz H2, un véhicule rare conçu à partir d'une Mercedes-Benz classe E. Amateur de belles bagnoles un jour, amateur de belles bagnoles toujours... Quant au cercueil, un modèle de série à peine modifié – six poignées au lieu de quatre –, fabriqué par les Menuiseries ariégeoises, il est en érable massif, de couleur blanche à finition mate. Immaculé, à l'image de celui d'Elvis Presley, enterré le 18 août 1977 à Memphis, Tennessee, lui aussi devant une imposante assistance. Après avoir passé sa vie les yeux rivés sur une Amérique qui, interloquée par le personnage, le surnommait le « French Elvis », Hallyday rend ainsi un hommage *post mortem* à celui qui fut à l'origine de sa vocation de chanteur de rock'n'roll, comme de celles de tant d'autres de ses contemporains. Le parallèle s'impose. Le cortège funéraire du «King»? À la fois escorté par la police à moto américaine et suivi par seize Cadillac blanches, comme dans la chanson «Mystery Train». De son vivant, Presley entretenait un entourage, une bande de gros bras surnommée par la presse la «Memphis Mafia»... Quant à la vraie mafia, Elvis disait la respecter en raison de sa loyauté, et de son sens de la famille, en bon gars originaire du sud des États-Unis. Johnny s'est-il inspiré jusqu'au bout de celui qui lui a donné envie de prendre le micro? Entre Johnny et les voyous, c'est en tout cas une longue histoire. D'amitié, surtout.

Fans inconsolables

À Paris, en l'église de la Madeleine, ce 9 décembre 2017, c'est la mémoire de Johnny que tous célèbrent. La foule est venue de partout en France. Les fans? On ne voit qu'eux ou presque, touchants, avec leurs t-shirts ou leurs cuirs à l'effigie de l'idole, et pour certains même la coupe de rockeur et les santiags. Ils sont là pour lui dire merci, merci tout simplement de les avoir fait rêver. Rêver d'Amérique, rêver d'une vie moins ordinaire. Ils l'ont vu tant de fois sortir de scène épuisé et en sueur, pour repartir dans la nuit vers une autre ville, une autre salle, avec d'autres potes avec qui faire la bringue... Sa musique les a accompagnés souvent pendant des décennies. Ils ont écouté ses chansons en boucle, ont religieusement acheté tous ses albums. Ils ont puisé de la force dans la puissance du rock, une consolation dans la mélancolie du blues, ou ont goûté avec lui à la simplicité d'une belle chanson française. Les intellos qui la ramènent partout, à la télé et à la radio, aujourd'hui admiratifs d'un personnage qu'ils n'avaient cessé de moquer? Des tocards. Hallyday les a bien bluffés en les mettant eux aussi dans sa poche, avec cette stupéfiante capacité à se faire passer pour l'imbécile qu'il n'était pas. Un grand seigneur s'en est allé.

«Allô, Brigitte?»

Depuis des jours, la belle demeure de Marnes-la-Coquette est en effervescence. Une fois le décès constaté par le médecin, il a fallu réfléchir vite aux dispositions à prendre. Tout d'abord, prévenir les aînés, Laura et David. Le médecin s'en charge. Pas Laeticia, trop bouleversée, selon les témoins. Le toubib appelle alors lui-même David, avant minuit, qui se propose d'aller trouver en personne sa petite sœur pour lui annoncer de vive voix la triste nouvelle. À la porte de la vaste propriété, Sébastien Farran, le manager de la dernière partie de carrière de Johnny, sonne. Suivi d'une amie de Laeticia, Marie Poniatowski, et de son mari, du réalisateur Claude Lelouch, de la productrice Anne Marcassus, ou encore de l'oncologue David Khayat, qui suivait Johnny de longue date.

Pour l'heure, rien n'a filtré, la nouvelle n'est pas encore publique. Il faut prendre une décision. Un mois pile auparavant, lors d'une conférence de presse à l'occasion de la sortie de l'album-hommage *On a tous quelque chose de Johnny*, sur lequel une brochette d'artistes de divers horizons reprennent des tubes de Hallyday, Sébastien Farran et le journaliste chargé de la musique à l'Agence France Presse ont échangé leurs numéros de portable. Au cas où. C'est logiquement l'AFP qui aura la primeur de l'info. Comme celle du texte rédigé par Laeticia en hommage à son défunt mari, qui commence par «J'écris ces mots sans y croire. Et pourtant, c'est bien cela. Mon homme n'est plus...» Mais, étrangement, il y a ce soir-là encore plus urgent pour Laeticia. À savoir alerter – en personne – la présidence de la République. Elle reprend ses esprits pour appeler Brigitte Macron, dont elle possède le numéro de portable personnel depuis que Line Renaud a fait les présentations. Un brin surprise par ce coup de fil nocturne, la Première dame répond. Emmanuel Macron prépare alors son propre communiqué, qui débute par cette phrase: «On a tous en nous quelque chose de Johnny Hallyday...»

Le 6 décembre, à 2h44, alors que la France est endormie, tombe la dépêche AFP annonçant la mort de Johnny «dans la nuit de mardi à mercredi, à 74 ans, des suites d'un cancer du poumon». Dans les locaux de RTL, Georges Lang, fin connaisseur du rock américain comme Johnny, et voix historique de la station depuis quarante-cinq ans avec ses *Nocturnes*, est en plein montage. Il apprend la nouvelle par un technicien. Ni une ni deux, il reprend l'antenne, la gorge serrée, et enchaîne le premier sur les ondes françaises les disques de Johnny, sans commentaires ou presque. Bel hommage. Quant à David et Laura, ils ne se rendent que le lendemain mercredi midi à

Marnes-la-Coquette. Raison officielle : Laeticia, effondrée de chagrin, n'était pas en état de se déplacer.

L'Élysée débordé

Le samedi suivant, quelque chose cloche sur le parvis de la Madeleine, même si l'image est belle, propre, et l'émotion palpable. Rue Royale, entre la place de la Concorde et l'église, seules Laeticia et ses deux filles suivent le corbillard, à pied, à travers la foule, après être descendues de leur limousine, qui roulait derrière le corbillard depuis le funérarium. Pendant ce temps, David, Laura, Nathalie Baye et Sylvie Vartan les attendent devant l'édifice, aux côtés du couple présidentiel. À l'intérieur, après les effusions, les accolades devant les caméras et le discours du président sur les marches de l'église, c'est chacun son rang, chacun son banc. À droite en regardant la nef, celui des Laura-David, des Nathalie-Sylvie. À gauche, Laeticia et ses filles, Jade et Joy. Et le grand-père maternel de ces dernières, André Boudou, passé sous les radars depuis des années, qui est arrivé tout bronzé des Antilles où il réside désormais. Entre les deux rangées de chaises, on voit déjà un gouffre béant, un fossé quasi infranchissable, donnant l'impression qu'il existe deux clans, deux familles restant à distance, ne se mélangeant presque pas et qui ne font que se croiser, parce qu'il le faut bien en ces tristes circonstances.

L'organisation de l'événement ne fut pas simple, loin de là. Très vite, l'Élysée a pris les choses en main, conscient de l'émotion populaire qu'allait susciter la disparition de Johnny. Dès le lendemain de la mort de l'icône, Brigitte Macron se rend à Marnes-la-Coquette en compagnie de son directeur de cabinet, Pierre-Olivier Costa. La mission de ces derniers : assurer les modalités logistiques de l'événement, en liaison avec Laeticia et l'équipe du chanteur, principalement Sébastien Farran. Ménager la chèvre et le chou, apaiser les inévitables tensions, palpables depuis des années dans cette famille décomposée-recomposée où l'orage qui couve sans cesse peut éclater à tout moment. Il n'est pas question que cela se passe en public, encore moins en ce jour où toute la France sera devant sa télé, et où le président lui-même s'associera à l'hommage national que ses services ont organisé. Johnny, c'est la France populaire, c'est la France qui travaille, la France qui vote, et il est depuis longtemps de bon ton, pour les personnages des plus hautes sphères de l'État, de faire partie de son cercle, ou tout au moins d'apparaître sur la photo.

Le 27 février 2018, sur CNews, l'éditorialiste Christophe Barbier assurera que, à la veille de la cérémonie, David et Laura ont envisagé de ne pas apparaître à la Madeleine. Ni nulle part ailleurs. Line Renaud a alors sonné l'alerte, et la Première dame a pris les choses en main pour éviter la catastrophe. Autour d'une tasse de thé servie à l'improviste dans les salons de l'Élysée, David et Laura en ont convenu, après qu'Emmanuel Macron a passé une tête : leur absence ferait tache, ils ne peuvent pas se conduire comme ça, les Français ne comprendraient pas que leur deuil soit terni par une querelle familiale, de vieilles haines recuites. Il y a un temps pour tout. Qu'ils attendent pour régler leurs comptes. Une autre version circule : oui, David et Laura sont bien venus à l'Élysée, mais le jeudi précédant l'hommage populaire, prévu pour le samedi. À leur demande, sans que Line Renaud n'intervienne. En revanche, ils avaient leurs exigences : ils ne suivraient pas le cortège et ne marcheraient pas derrière le cercueil. Ils ne feraient qu'attendre la dépouille de leur père sur le parvis de la Madeleine. Ils seraient là, c'est tout. Comme des aînés, une famille qui attendrait des « pièces rapportées », recevant sur son palier de simples invités, avant de les convier à entrer puis à prendre place. Pour eux, il n'a jamais été question d'une photo réussissant toute la famille Hallyday derrière le cercueil.

Des centaines de milliers de personnes sont attendues lors de cet exercice inédit et les problématiques de sécurité sont innombrables. À l'Élysée, la jeune équipe tout juste en place, sept mois à peine après l'élection d'Emmanuel Macron, se demande tout d'abord s'il y a un précédent sur lequel se calquer. L'évidence s'impose : il n'y en a pas. Il va donc falloir improviser, faire au plus vite. En à peine trois jours. Il faut aussi dresser la liste des invités. Laeticia s'en charge, David et Laura lui communiquent une série de noms. Il y en a beaucoup en commun. « Toutes leurs demandes de dernier moment sont acceptées », explique-t-on du côté de la veuve. Et ceux qui n'ont pas été présents le samedi 9 décembre à la Madeleine ? C'est parce qu'ils n'ont pas été invités, tout simplement. Ou bien oubliés, dans l'urgence. À l'image de Jean-Jacques Debout, appelé la veille par Sylvie Vartan. Seule personnalité *non grata* à la cérémonie? Marine Le Pen, qui s'en plaindra par la suite.

« Cher Papa… »

Les réticences et les exigences de David et Laura mettent déjà la puce à l'oreille de Laeticia. Un proche: « David, Laura et Sylvie étaient déjà au courant de la teneur du testament et ils avaient un plan de communication pour le contrer. » Une autre habituée de Marnes-la-Coquette l'affirme: « Ils savaient. Ils ont fait mine de découvrir les dernières volontés de Johnny, pour mettre l'opinion publique de leur côté. » En tout cas, ce jour-là à la Madeleine, il y avait déjà deux camps, et cela s'est vu très nettement à la télévision. Quant à l'orage, il n'a pas tardé à éclater. Sabre au clair, Laura ouvre les hostilités. Après avoir appris par voie d'avocat – selon ses dires – qu'elle ne toucherait rien, elle choisit la date du 12 février 2018 et une lettre ouverte adressée à son défunt père, afin que tous puissent en prendre connaissance. Le ton est libre, la missive est tapée *via* un traitement de texte informatique et signée de sa main. Cette lettre, presque trop belle pour être vraie, vaut la peine d'être reproduite en intégralité et commentée, tant elle résume l'affaire, en dit long sur la personnalité de la jeune femme, informe sur la stratégie choisie par ses conseils et confirme, enfin, quelques insistantes rumeurs sur l'atmosphère au sein de la famille Hallyday…

Cher papa,

Voilà plus de deux mois que tu es parti, tu me manques tellement, et en même temps je ne t'ai jamais senti aussi proche de moi.

J'ai appris il y a quelques jours que tu aurais rédigé un testament nous déshéritant totalement David et moi. Il y a encore quelques semaines, tu me disais à table : « Alors, quand est-ce que vous faites un enfant ? » Mais que vais-je pouvoir lui transmettre de toi, toi que j'admire tant ? Toutes les nuits tu viens me voir dans mon rêve, je te vois : tu es beau, sans aucun tatouage, tu es enfin libre et tu cours dans la brume, l'air totalement perdu et apeuré. Tant de questions sans réponses.

Toutes ces fois où on a dû se cacher pour se voir et s'appeler ! Il m'est encore insupportable de ne pas avoir pu te dire au revoir, Papa, le sais-tu au moins ?

Je t'entends, papa, et moi j'ai choisi de me battre. J'aurais préféré que tout cela reste en famille, malheureusement, dans notre famille, c'est comme ça…

Je suis si fière d'être ta fille.

Je t'aime, Papa.
Laura

Dès la première phrase, Laura rappelle les liens du sang entre un père et sa fille, la communauté d'esprit qui les unissait, le manque créé par la disparition. Puis vient le factuel, froid et concret, avec ce brutal « J'ai appris il y a quelques jours que tu aurais rédigé un testament nous déshéritant totalement David et moi ». Immédiatement, cette phrase instille le doute, et l'emploi du conditionnel accuse la belle-mère sans la nommer. Pas besoin d'être très malin pour le deviner : Laura sous-entend lourdement que son père, à la fin de sa vie, était sous influence. Qu'on l'a forcé, qu'il ne voulait pas léser ses aînés, que cette décision ne lui appartient pas. Ensuite, retour à la séquence émotion, à l'affect, et l'évocation de l'un des derniers repas partagés entre le père et sa fille, où ils auraient parlé de maternité, de transmission.

Puis vient un passage onirique, avec cette étrange évocation d'un Johnny « beau, sans aucun tatouage », « enfin libre », qui court « dans la brume, l'air totalement perdu et apeuré ». Comme si, sur la fin de sa vie, Laura considérait que Johnny s'était abîmé, avait été attaché, entravé. Par qui ? La coupable est toute désignée, mais toujours sans la nommer. Quant à ce brouillard symbolique dans lequel Johnny se perd… La fantasque Laura veut-elle faire comprendre que son père était prisonnier, qu'il désirait échapper à quelqu'un, à quelque chose ? C'est probable, même si l'image est pour le moins floue.

Après les rêves, nouveau retour à la réalité, et Laura rappelle crûment quelques épisodes souvent relayés de leur relation. Tout d'abord, le fait – avéré – que Laura et Johnny se voyaient et s'appelaient parfois en cachette, ce dernier préférant que sa femme ne soit pas au courant. Lâcheté d'un homme qui voulait avant tout qu'on lui fiche la paix, ou bien jalousie d'une femme encore jeune, dont le compagnon, de trente-deux ans son aîné, avait déjà eu mille vies et plusieurs familles ? La réponse tient sans doute à un subtil mélange des deux. Pour Laura, c'est clairement à Laeticia qu'il faut en faire le reproche.

Autre épisode évoqué dans la lettre, qui avait déjà fuité quelques heures après la mort de Johnny : Laura et David n'auraient pu lui rendre visite à Marnes-la-Coquette ; les jours précédant sa mort, on leur aurait claqué la porte au nez. Du côté de Laeticia, on fait tout de suite savoir que Johnny ne voulait pas que ses enfants le voient si affaibli, qu'il comptait encore s'en sortir, malgré tout. Possible, mais manifestement, ce n'est pas l'avis de Laura. Laquelle, en guise de conclusion, s'affirme combative et regrette que tout cela soit étalé sur la place publique. Constatant que, « malheureusement, dans notre famille, c'est comme ça... ». Difficile de lui donner tort là-dessus, tant la vie de Johnny a été portée – mais le plus souvent de son plein gré – sur la place publique.

Reprise partout, abondamment commentée, cette lettre produit immédiatement l'effet escompté. Si la mort puis les obsèques de Johnny ont passionné et chagriné les foules, le micmac autour de son héritage prend dès lors des allures de tragédie grecque, la presse assurant le chœur à grands coups de révélations. C'est l'heure des grandes manœuvres, manipulations de l'opinion publique et autres coups bas. Tout sera permis, et la guerre s'annonce « sale ».

Sous le soleil des Antilles

Un mois plus tôt, le 11 décembre, presque tous les protagonistes de cette tragédie étaient une seconde fois réunis autour du défunt, pour son enterrement, au cimetière marin de Lorient, sur la petite île de Saint-Barthélemy, dans les Antilles françaises. Au départ de Paris, la relative unité affichée à la Madeleine avait déjà commencé à se fissurer. Quoique présentes à la Madeleine, Sylvie Vartan et Nathalie Baye ont choisi de ne pas faire le déplacement à « Saint-Barth ». Sèchement, la première annonce même qu'elle regrette qu'on enterre son ex-mari « si loin de nous qui l'aimons tant ». Une grande partie des fans s'insurgent également, effrayés par ce que leur coûtera le pèlerinage sur la tombe de leur idole, si loin, dans cette île pour milliardaires bercée par la mer des Caraïbes où les Hallyday possédaient une vaste villa – pas vraiment une destination à la portée de toutes les bourses. Mais bon, c'était bel et bien la volonté de Johnny. Il faut la respecter, se faire une raison. Après être toute sa vie allé au-devant de son public, le chanteur vaut bien qu'on casse sa tirelire pour lui rendre la pareille.

Quant à David et Laura, ils s'envolent pour les Caraïbes, mais de leur côté, pas dans le même avion que Laeticia, où embarque le premier cercle de l'entourage de Johnny à la fin de sa vie, dont son manageur Sébastien Farran, les musiciens de ses dernières tournées, l'homme d'affaires Jean-Claude Darmon, ou encore l'ex-producteur Jean-Claude Camus. « L'avion de Laeticia, qui transportait également le cercueil, comptait une centaine de places. Nous étions soixante-cinq, et David et Laura n'ont pas voulu embarquer avec nous. Nous n'avons pas compris », se souvient un des passagers.

Le matin de l'inhumation, à l'intérieur même du funérarium de Saint-Barthélemy, où le cercueil attend d'être enterré, Laeticia demande à Laura et David de rester un moment seuls avec elle. « Elle leur explique alors pourquoi leur père ne voulait pas qu'ils le voient les derniers jours à Marnes-la-Coquette, que c'était bien lui et pas elle qui répondait à leurs textos lui demandant s'ils pouvaient passer le visiter. » La conversation dure une vingtaine de minutes. Ensuite, il est temps de se rendre au cimetière. David et Laura ne passeront en tout et pour tout que deux jours à Saint-Barthélemy, sans mettre les pieds à la villa Jade, où résident leur belle-mère et leurs demi-sœurs, Jade et Joy.

Filmées de loin par les chaînes d'info, mobilisées pour l'occasion, ces images de deuil les pieds dans le sable sous le soleil des tropiques donnent cependant encore une fois, et ce sera la dernière, l'impression trompeuse d'une famille plutôt unie, entourée d'invités tout de blanc vêtus, selon les consignes de la veuve. Mais une anecdote rapportée par *Le Parisien* donne le *la* des péripéties à venir, entre fantasme et réalité, manipulations et interprétations. Au cours de la cérémonie, André Boudou, qui réside dans la partie néerlandaise de l'île voisine de Saint-Martin, aurait en effet menacé verbalement David à propos de la succession à venir, à l'occasion d'une brève altercation. « Faux », a ensuite fait savoir le beau-père, qui déclare : « C'est un garçon charmant. Il n'a rien à voir avec sa mère. Il se retrouve au centre d'une histoire qui le dépasse. N'en déplaise à certains j'ai beaucoup d'amitié pour ce garçon. Si l'ouragan Irma n'avait pas dévasté les îles de Saint-Martin et de Saint-Barthélemy, David devait normalement passer les fêtes de fin d'année à la maison en décembre 2016. Son épouse est très amie avec la mienne.» Tout n'est pas si simple... André Boudou est un homme d'action dont les manières et l'esprit d'entreprise ont plu un temps à Johnny. Entre self-made-men qui ne prennent pas de gants, le gendre et le beau-père s'étaient compris. Cependant, ils s'étaient fâchés pour de bon...

David dans le viseur

L'aîné des Hallyday n'est pas du genre à gesticuler, à tonitruer, à élever la voix. Élevé dans l'aristocratie d'Hollywood par sa mère, Sylvie Vartan, et le second mari de celle-ci, le producteur Tony Scotti, il est aujourd'hui, à cinquante ans passés, plus à l'aise dans l'ombre que dans la lumière, et préfère son travail en studio à la scène. On l'a finalement peu vu, peu entendu. À part cette élégante silhouette tout de noir vêtue, droite et digne sur le parvis de la Madeleine. Un bel homme que, ce jour-là, bien des fans auraient voulu consoler. Être en première ligne, monter au front? Très peu pour lui. Depuis le début de l'affaire, il s'est positionné en codemandeur des actions de Laura, et place le débat sur le terrain artistique, rappelant sans cesse que lui aussi est musicien, comme l'était son père.

Sylvie Vartan, qui monte souvent au front pour David, sait trouver les mots justes pour le décrire, à l'image de ses déclarations dans les pages de *Gala* en mars 2018: «C'est quelqu'un de très émotif, sensible, mais avec une forme de tranquillité qui m'impressionne beaucoup. Il parvient à prendre de la distance et sait le fond des choses. C'est une personne droite, il n'y a rien de tordu en lui.» La parole d'une mère…

Pourtant, David va rapidement lui aussi se trouver pilonné par le camp adverse. Dès le début de l'affaire, on s'attaque à lui, ainsi qu'à sa mère. En substance, il aurait déjà largement profité de la fortune de Johnny, entre la moitié d'une grande demeure que Johnny et Sylvie possédaient ensemble dans la très chic villa Montmorency, une résidence fermée du XVIe arrondissement de Paris, et un don d'un million d'euros réglé par papa pour effacer une dette fiscale. Tout ceci sort dans la presse, avant même la première audience, afin de gommer dans l'opinion publique l'image de deux «pauvres gamins» déshérités par un père tombé sous l'influence d'une marâtre sans scrupules. Dans le même ordre d'idées, Laura non plus n'est pas épargnée, avec la publication de documents prouvant que Johnny a contribué en sa faveur à l'achat d'un appartement dans le quartier de Saint-Germain-des-Prés à Paris, en 2003, et lui a accordé une confortable rente de cinq mille euros, pour qu'elle puisse rembourser ses crédits et assurer le tout-venant.

Dans le camp de Laeticia, on ne cesse de le marteler, sur tous les tons: si Laura et David sont écartés des dernières volontés de leur père, c'est parce qu'ils ont *déjà* touché leur part. Johnny a toujours été généreux avec eux. En outre, ils sont grands et à l'abri financièrement. David a fait un très beau mariage avec une héritière monégasque du BTP, et Laura réussit sa carrière d'actrice. Alors qu'au contraire rien n'est joué pour les petites dernières, Jade et Joy, dont il faudra encore pendant des années assurer la subsistance, et payer les études. Même Mamie Rock, la grand-mère de Laeticia et mère d'André Boudou, l'assénait avec son légendaire franc-parler: « Ils ont déjà eu beaucoup de choses, ils ne peuvent pas dire qu'ils n'ont rien eu[1]. »

Il n'empêche, ça ne passe pas, dans un pays où l'on ne déshérite traditionnellement pas ses enfants et où la loi leur prévoit une part réservataire, quoi qu'il arrive, quelle qu'ait été la volonté du défunt. Seulement voilà : les dernières volontés de Johnny ont été rédigées selon la loi californienne, dans laquelle de telles précautions n'existent pas, où l'on peut faire ce que l'on veut de son argent sans être entravé par une quelconque règle d'héritage. Reste à attendre la longue procédure sur le fond qui déterminera si, oui ou non, Johnny pouvait se revendiquer du droit américain pour sa succession. Quel était exactement son lieu de résidence ? Quelle loi s'applique dans son cas, la française ou la californienne ? Sur le fond, tout l'enjeu du débat est là, pas ailleurs.

Limousines aux vitres fumées

Sur la place de la Madeleine, en ce 9 décembre, la cérémonie touche à sa fin, laissant dans la rétine une étrange impression. On ne peut douter qu'il s'agissait d'un hommage à une personnalité bien de chez nous, et pas à une star d'Hollywood. Mais c'est aussi un homme qui a mélangé les genres toute sa vie que l'on célèbre. Sur le côté de l'église, Sébastien Farran, ex-manager du groupe de rap NTM, est en

1. *Midi Libre*, 20 mars 2018.

grande conversation avec le préfet de police de Paris. Un motard en uniforme admire la toute dernière Harley de Johnny, garée devant l'église, avant qu'un type en cuir avec un bandana sur la tête ne vienne la démarrer en faisant vrombir le moteur. Au milieu du ballet des limousines noires aux vitres fumées où ont pris place les invités de cet étrange carré VIP, on aperçoit deux ex-présidents de la République, Nicolas Sarkozy et François Hollande, leurs femme et compagne Carla Bruni et Julie Gayet, le président du Sénat, Gérard Larcher, le Premier ministre, Édouard Philippe, d'autres chanteurs célèbres (Eddy Mitchell, Patrick Bruel...), des gens de cinéma (Jean Reno, Claude Lelouch, Guillaume Canet...), des écrivains (Philippe Labro, Daniel Rondeau...). Tous genres et toutes générations confondus, même s'il apparaît nettement qu'au fil des « ménages » successifs effectués autour de Johnny, il manque quelques figures historiques, quelques grognards répudiés au fil des ans. Et puis, on les voit beaucoup, les Boudou : Laeticia, son père André, sa grand-mère Élyette... Ils sortent groupés de l'église, où tout s'est déroulé selon le rite catholique, même si Johnny n'a jamais vraiment vécu en enfant de chœur, finissant par être enterré à la façon d'un parrain à qui l'on baise la main une dernière fois.

Tout est pardonné, ou presque. Les Français ont toujours tout pardonné en bloc à leur Johnny. De son vivant, en tout cas.

2

Pari gagné

L'homme est costaud, quand même. Le 25 juin 2017 à Bercy, il est là, debout, entouré de ses potes Eddy Mitchell et Jacques Dutronc. Deux autres durs à cuire qui, pourtant, peinent à soutenir vocalement la comparaison avec Hallyday quand il prend le micro. Dans la salle parisienne, à droite de la scène, Emmanuel Macron, depuis peu président de la République, accompagné de sa femme Brigitte et de Line Renaud, jamais très loin. Laeticia est bien sûr également présente, dans les gradins. La tournée des Vieilles Canailles est presque terminée, et Johnny semble en forme, même s'il traîne parfois un peu la patte. Ce n'était pas gagné ; il était risqué de voyager comme de monter sur scène dans son état. Après la première date, où il a manqué défaillir, il chante même souvent assis sur un tabouret. En province, son jet l'attend pas très loin de la salle, prêt à décoller, au cas où. Lors de la toute première, à Lille, il sortait même d'une séance de chimiothérapie, effectuée deux jours plus tôt. Les soirs de grosse chaleur, il s'éclipse en coulisses pour prendre de grandes goulées d'oxygène, et le concert est quelquefois raccourci d'une ou deux chansons. « Presque tous les soirs, nous nous demandions si nous n'allions pas annuler, explique l'un des organisateurs de la tournée. C'était vraiment sur le fil. »

C'est tout juste s'il y a eu des répétitions, mais les participants connaissent leur métier sur le bout des doigts. Les automatismes sont là, les blagues sur scène sont bien rodées – en 2014, une première tournée de Vieilles Canailles avait déjà sillonné la France de long en large.

L'affiche comme le spectacle ont de l'allure, réunissant à la fois trois idoles des années soixante, trois carrières quasi irréprochables et trois « forts en gueule », chacun à sa manière. Sans parler du répertoire, la crème de la crème : de « Noir c'est noir » à « J'aime les filles » en passant par « Gabrielle », « Couleur menthe à l'eau » ou encore « Il est cinq heures, Paris s'éveille ». Le tout chanté en solo, en duo ou en trio. Avec, comme il se doit, « La musique que j'aime » en finale, entonné par Johnny, Eddy et Jacques, deux cent vingt-cinq ans à eux trois, sous les applaudissements. Avant le lancement de la tournée, le cancer de Johnny ayant été rendu public, les rumeurs d'annulation allaient bon train, et personne ne croyait vraiment qu'elle se ferait. Pourtant, Johnny a assuré tous ses engagements. Le pari est gagné.

Dix-sept concerts, il fallait le faire. Un véritable tour de force. Laeticia en profite pour diffuser des images du bonheur absolu de la famille Hallyday sur les réseaux sociaux, destinées avant tout à rassurer. Le discours officiel de sa garde rapprochée est bien huilé : Johnny se bat, chanter sur scène et aller une nouvelle fois à la rencontre de son public lui réussit mieux que tous les traitements du monde. C'est un guerrier.

Johnny ? Jamais mort

Tandis qu'il parcourt la France avec ses potes d'enfance au printemps 2017, personne, autour de lui, n'est manifestement au courant de ses dernières volontés. Qu'est-ce qui a bien pu lui passer par la tête pour qu'il se décide ainsi à rayer ses aînés de son testament ? Risquant de jeter sa dernière femme Laeticia aux lions, par la même occasion. Fin connaisseur de l'opinion et de ses revirements, prompt toute sa vie à prendre les décisions artistiques nécessaires pour réorienter sa carrière, Hallyday ne pouvait ignorer le retentissement qu'allait prendre la divulgation de son testament.

Si Johnny l'a plus souvent qu'à son tour échappé belle, au fil d'accidents de voitures divers et variés, ce n'était qu'à cause de cette inconscience qu'accompagnait un goût prononcé pour le risque, la vitesse. Un côté gamin qui joue à se faire peur, en comptant sans cesse sur sa bonne étoile, persuadé de toujours pouvoir s'en sortir, même en prenant des risques inconsidérés.

Rédiger un testament, prendre ses dispositions et imaginer l'avenir de sa famille après sa disparition est un tout autre cheminement. Chez Hallyday qui, à première vue, prenait la vie un jour après l'autre, il a certainement dû se passer quelque chose. Est-ce cette succession d'événements le plaçant face à la mort, qui a joué le rôle de déclencheur ? Johnny n'est plus là pour s'expliquer, certes, mais l'on peut toujours essayer de comprendre comment a évolué sa réflexion, à partir des différents testaments qu'il a rédigés. Jusqu'au dernier, celui qui exclut David et Laura.

Coma artificiel

Il faut revenir à Los Angeles, dix ans plus tôt. Sa vie n'avait tenu qu'à un fil. Lui-même avait peine à y croire. À la fin de l'année 2009, il flottait dans les limbes du coma artificiel où l'avait plongé le corps médical. Dans son lit, chambre 36, à l'étage des soins intensifs du Cedars-Sinai Medical Center, il reprenait peu à peu ses esprits. En évoquant cet épisode, il répétera jusqu'au bout, inlassablement, comme un mantra : « La première fois que je suis mort, je n'ai pas aimé ça, alors je suis revenu. » Cette phrase, il l'a dite à Amanda Sthers lors de la rédaction de son autobiographie, *Dans mes yeux* – l'écrivaine et cinéaste a ensuite complètement disparu de l'entourage des Hallyday, d'ailleurs. Elle avait pourtant l'air tellement copine avec Laeticia… Elles sont même voisines, à Los Angeles. Du jour au lendemain, Amanda n'a plus eu de nouvelles, comme tant d'autres avant elle, depuis des lustres.

En cette année 2009, Johnny s'est fait charcuter. Trois fois, même, et en peu de temps. Au mois d'août, il s'est fait discrètement enlever, à Paris, un polype cancéreux au colon. C'était limite : il a frôlé le choc septicémique à l'hôpital. Fin novembre, il est repassé sur le billard, pour cause de hernie discale cette fois, entre les mains du docteur Delajoux, qui ensuite sera accusé de tous les maux avant qu'une transaction ne close l'affaire. Et, alors qu'il est monté juste après cette intervention dans un avion pour Los Angeles, il a fallu dès l'atterrissage filer au grand hôpital privé de Beverly Boulevard, en raison d'une infection postopératoire. Une fois d'aplomb, Johnny a pris ses cliques et ses claques. Mais la Faucheuse n'était pas passée loin. Pire, le survivant a découvert que son équipe n'avait pas vraiment été à la hauteur. Explications : pendant des décennies, Hallyday s'est forgé l'image d'un type invincible, d'un trompe-la-mort qui ne souffre que dans ses chansons, et encore. Avec l'épisode de Los Angeles, le grand public découvrait un vieil homme affaibli, dont les équipes cafouillaient et paniquaient lorsqu'il s'agissait de communication de crise. Son état de santé était censé être un secret mieux gardé que la recette du Coca-Cola, mais il a été disséqué, au gré de communiqués parfois fantaisistes. Sans oublier l'effet désastreux, vu de France, du défilé de people à la porte de sa chambre, venus pour la plupart se montrer comme lors d'un événement mondain. Son fils David est alors intervenu, faisant le ménage parmi tous ces importuns et s'opposant même à la propre femme du chanteur, Laeticia. À la suite de cet incident, ils ne se sont plus parlé pendant un an. Et Johnny a donné raison à sa femme, pas à son fils.

Tout ça n'est pas très professionnel. Johnny sait ce qui est bon pour lui, et l'incident ne restera pas sans conséquences. Il faut que ça bouge, pour que la machine redémarre. À qui faire confiance, parmi cette bande d'incapables qui n'ont pas su le protéger au moment où il en avait le plus besoin ? La réponse est toute trouvée : Laeticia.

Les caisses sont vides

Assis deux ans plus tard auprès du feu, dans son chalet suisse de Gstaad, Hallyday songe peut-être au dernier testament qu'il a rédigé. Ses dispositions sont classiques, avec une donation au dernier vivant. C'est-à-dire que Laeticia recevra à sa mort un tiers de son patrimoine, et les quatre enfants du chanteur, David, Laura, Jade et Joy, se partageront le reste. Un testament banal, à la française, qui veille à ce que nul ne soit lésé.

Alors que Noël 2011 approche, le bilan de l'année écoulée n'est pas terrible. Certes, Johnny est à peu près remis de ses galères de santé à Los Angeles. Il a retrouvé sa voix après cette grosse alerte, et la profonde dépression causée par cette période mouvementée est derrière lui. En revanche, il est au fond du trou artistiquement et commercialement. La faute à l'album *Jamais seul*, sorti en mars de la même année. Un bide. Un bide mérité, il en conviendra lui-même plus tard. Pourtant, l'idée de collaborer avec le fin guitariste Matthieu Chedid, alias M, n'était *a priori* pas si mauvaise. De plus, c'était une suggestion de Laeticia. En revanche, les chansons, les mélodies, on les cherche encore au fil du disque. Quant aux textes, ils frisent le ridicule, enfilant les pires clichés du rock. Indigne de Johnny, qui sait qu'il ne faut pas prendre les fans pour des imbéciles, et qu'ils ne sont pas prêts à tout avaler, même s'il pourrait chanter l'annuaire. En revanche, Johnny a bien aimé ce petit gars, là, dans l'équipe : Maxime Nouchy, qui se fait appeler Yodelice. Lui, on va le garder.

Pour relancer la machine, Johnny est aussi monté – pour la première fois – sur les planches, jouant à la rentrée *Le Paradis sur terre*, de Tennessee Williams, mis en scène par Bernard Murat au théâtre Édouard-VII, à Paris. Il y incarnait le personnage de Chicken, un jeune métis afro-américain. Cherchez l'erreur. Le public est venu en masse pour le voir de tout près, en chair et en os, mais la critique théâtreuse a ricané sous cape, retenant sa plume, parce que c'est de Johnny qu'on parle. Vexant.

Ce n'est pas le plus grave. Les caisses sont vides, ou presque. Si, d'après le classement annuel du *Figaro*, Johnny était le chanteur français le mieux payé en 2009, avec 11 millions d'euros de revenus, ce chiffre est tombé à 1,2 million en 2010, après son hospitalisation et l'annulation de la tournée « Tour 66 ». À peine plus en 2011, avec ces 2,6 millions qui suffiraient amplement au commun des mortels. Pas à Johnny, habitué à mener grand train.

Hallyday a-t-il été pris de panique en pensant à l'avenir si la situation ne se redressait pas ? Et si le public ne voulait plus de lui ? Il connaît les affres du métier, il a vu tant d'autres artistes partir aux oubliettes après avoir atteint les sommets. Il sait que cela peut lui arriver. Quoi qu'il en soit, son testament est amendé une première fois en cette année 2011, à Berne, en Suisse : désormais, David et Laura devront – logiquement et conformément au droit – diminuer leur part d'héritage de ce qu'ils ont déjà reçu. Avec une précision d'importance: «Jean-Philippe Smet dispose qu'en cas de décès les compensations des parts réservataires de ses enfants seront exclusivement d'ordre monétaire.» Exclusivement d'ordre monétaire... Ainsi, l'héritage artistique reviendra exclusivement à Laeticia. C'est-à-dire les droits versés par la Spedidam (Société de perception et de distribution des droits des artistes interprètes), l'Adami (Société civile pour l'administration des droits des artistes interprètes) et la Sacem (Société des auteurs, compositeurs et éditeurs de musique), les organismes qui récoltent les sommes générées par les œuvres et les reversent à leurs auteurs et interprètes. Pour faire simple, il s'agit de l'argent que touche Johnny chaque fois qu'un de ses disques se vend, chaque fois qu'une de ses chansons passe à la radio, ou à la télé, ou est écoutée en streaming sur Internet.

Une véritable rente, versée chaque année, et pour longtemps encore selon toute probabilité. Une source intarissable de revenus, alimentée par plus de mille chansons. On l'estime à une cinquantaine de millions d'euros avant que ses titres, qui seront encore protégés soixante-dix ans à partir de la date de sa mort, ne tombent dans le domaine public. Solide retraite pour son ou ses bénéficiaires, ces droits représentent *la* véritable fortune, *le* vrai patrimoine de Johnny. C'est dès 2011 qu'il décide donc d'en priver David et Laura, les considérant comme déjà à l'abri, contrairement à Laeticia, Jade et Joy.

Les aînés sont-ils au courant? En tout cas, ils sont tous réunis autour du sapin, à Gstaad, pour fêter ce Noël 2011. Laeticia lui a offert des bagues tête de mort, et Laura lui a fait fabriquer un bracelet en argent, gravé façon peau de serpent.

Salaud, on t'aime

3 avril 2014, Marnes-la-Coquette. La veille est sorti en salles *Salaud, on t'aime.* Avec le recul, ce long métrage, qui réunit Johnny Hallyday, Eddy Mitchell, Sandrine Bonnaire ou encore Irène Jacob, prend de drôles de résonances. Tourné dans le luxueux chalet du réalisateur Claude Lelouch, en Haute-Savoie, il met en scène Hallyday en photographe de guerre, père de quatre filles de quatre femmes différentes. Afin de les réconcilier, son médecin et meilleur ami, interprété par Eddy Mitchell, annonce à ces dernières que leur géniteur est atteint d'une maladie incurable, et toutes se précipitent alors dans les Alpes à son chevet. Si le film se perd rapidement dans une sombre intrigue policière, on peut aussi y voir une certaine mise en abîme de la vie de Johnny, en père absent et mari volage, traînant derrière lui une valise de rancœurs, de non-dits familiaux et de ressentiments.

Dans ce bien nommé *Salaud, on t'aime*, le personnage joué par Johnny parvient à en lever quelques-uns. Dans la vraie vie de Johnny, il en va différemment, de toute évidence. Et ce qu'il s'apprête à faire ne va rien arranger, ni avec ses femmes, ni avec ses enfants. Le 3 avril 2014, il prend son stylo, dans son bureau, à Marnes-la-Coquette, et écrit, à la main, sur une simple feuille volante :

Ceci est un mon testament qui révoque toutes dispositions antérieures. Je soussigné Jean-Philippe Smet, né à Paris (IXe arrondissement) le 15 juin 1943, demeurant à Pacific Palisades CA-90272 (États-Unis), 789 Amalfi Drive, entend léguer l'intégralité de ma succession à mon épouse Laeticia Marie Christine Boudou, née le 18 mars 1975 à 34500 Béziers. Cette dernière recevra donc, selon la loi californienne, l'ensemble de mes biens, et ce compris la totalité de mes droits artistiques. En cas de prédécès de mon épouse, ou de décès concomitant de cette dernière avec le mien, l'intégralité de ma succession reviendra à mes deux filles Jade et Joy par part égale.

Fait à Marnes-la-Coquette, le 3 avril 2014.

Et Johnny signe ce document. Puis, à Los Angeles, le 11 juillet 2014, il confirme et précise ces dispositions, en anglais, devant l'équivalent d'un notaire. En cas de disparition, Laeticia est la seule bénéficiaire de son patrimoine, qui est confié à des trusts, c'est-à-dire à des banques qui vont gérer sa fortune. Ces mêmes trusts mettent à l'abri Jade et Joy, prévoyant une « cagnotte » pour leurs études. Laeticia signe également un document jumeau désignant son époux comme son héritier en cas de disparition. Par la volonté de Johnny et grâce à la loi californienne, le sort de Laura et David est, dans son esprit, scellé : à la mort de leur père, ils n'auront rien de rien. Ils ont déjà reçu.

Boeing, Boeing

Qu'est-ce qui a bien pu lui passer par la tête ? Le 22 mars 2018, Me Ardavan Amir-Aslani, l'avocat de Laeticia, affirmera dans les colonnes de *Paris Match* que Johnny s'était inquiété de sa possible disparition, comme de celle de Laeticia, le couple ayant été très impressionné par le crash du vol MH370. Un avion de la Malaysia Airlines reliant Kuala Lumpur à Pékin, disparu mystérieusement en mer de Chine avec ses 239 passagers et dont quelques débris ont été retrouvés bien plus tard, très loin de là, à l'ouest de l'océan Indien. L'avocat expliquait : « Johnny avait depuis longtemps le désir de régler sa succession. Mais, en effet, cette tragédie l'a fait s'interroger, ainsi que Laeticia, sur ce qu'il adviendrait de leurs filles s'ils venaient à disparaître simultanément, ce qu'il n'avait pas envisagé jusque-là. Ils ont décidé d'établir ces testaments croisés de 2014. »

Une seule chose est sûre : Johnny et Laeticia étaient de grands voyageurs, ils prenaient très souvent des longs courriers pour se rendre dans leurs différentes résidences. Or, comme l'a écrit Jean-Loup Dabadie pour Polnareff dans le dernier couplet du magnifique « Holidays », « Mais n'oublie pas, toi si belle / Les avions se cassent / Et la terre est basse... » Laura et David ne prendront que tard, très tard, connaissance de l'existence de ces documents. Drôle de famille, décidément.

Autre piste qui pourrait expliquer les dernières volontés de Johnny : la maladie puis la mort en 2015, d'un cancer foudroyant, de son pote et voisin à Los

Angeles Christian Audigier. Un type gonflé, un entrepreneur comme Johnny les aime. Copain de fêtes et de motos du Saint-Tropez de la fin des années 1990, il est passé par la case prison à Bali en Indonésie pour une affaire de drogue, avant d'étaler au début des années 2000 une soudaine réussite, à Los Angeles. Sa combine ? Faire porter ses vêtements par des stars, puis inonder la presse people de photos de ces mêmes stars prises dans la rue. Frais marketing ? Zéro. Pas besoin non plus de faire de la publicité, les médias s'en chargent en publiant ces images de Madonna ou de Britney Spears arborant les casquettes ou T-shirts siglés de ses marques, Von Dutch et Ed Hardy. En mai 2008, pour ses cinquante ans, Michael Jackson fait une apparition. Et lorsque trois semaines plus tard Audigier organise l'anniversaire des soixante-cinq ans de Johnny, il fait venir Sharon Stone, le basketteur Denis Rodman ou encore Dave Stewart, de Eurythmics. Du lourd. Avec lui, Johnny a goûté au « vrai » Los Angeles qui brille. Puis soudain il a vu son copain dépérir en quelques mois seulement. De quoi, peut-être, se décider à envisager sérieusement sa propre disparition.

Le dernier vol pour Paris

À la fin août 2017, atterrissant à Paris en provenance des Antilles, Johnny traverse pour la dernière fois l'Atlantique de son vivant. La prochaine fois ce sera en soute, et entre quatre planches, en sens inverse.

Il n'aurait pas dû venir en France. Pour sûr, il aurait certainement préféré rejoindre comme prévu

Los Angeles, rentrer chez lui retrouver l'Amérique. Il lui a pourtant fallu quitter Saint-Barthélemy pour Paris, laisser sa villa Jade et sa piscine à débordement, sa vue sur ce ciel des Caraïbes pommelé de nuages, aussi bleu que la mer. Un nid d'aigle placé en position dominante sur l'anse de Marigot, d'où l'on voit passer au loin à l'horizon les tempêtes comme les mauvaises nouvelles. La maison a été construite en 2008, selon les souhaits du couple : huit chambres, une salle de sport climatisée, une salle de cinéma. Les copains et la famille sont passés, dont Emma, la fille cadette de David. Oh, Johnny n'est pas beaucoup sorti de la maison en 2017. La maladie est là. La tournée des Vieilles Canailles, qui s'est conclue le 5 juillet à Carcassonne, l'a lessivé. C'est chouette en tout cas, Saint-Barthélemy, ce confetti des Antilles françaises rattaché à la Guadeloupe, qu'il a découvert alors qu'il faisait une croisière là-bas avec Laeticia, à la fin des années 1990. Il n'y a que des milliardaires et des hôtels de luxe. De plus c'est la France – mais pas vraiment la France, grâce à des exonérations d'impôt sur le revenu et sur la fortune pour les résidents installés depuis plus de cinq ans. Et pas de droits de succession pour les biens situés sur l'île. À certaines conditions, évidemment. Tous ces trucs de comptable sont un peu compliqués, mais lorsqu'on joue sans cesse au bonneteau avec le fisc, comme Johnny, ça peut toujours servir.

Une fois en France, les échéances à venir sont peu réjouissantes, entre d'inévitables rendez-vous médicaux et l'enterrement de Mireille Darc, morte à soixante-dix-neuf ans le 28 août. L'actrice est une connaissance de longue date de Hallyday. L'auteur-compositeur-interprète Jean-Jacques Debout, vieux complice de Mireille Darc comme de Johnny, se souvient : « J'ai connu Mireille en 1968, alors qu'elle vivait avec le photographe Jeanloup Sieff. En 1972, alors que je chantais à l'Olympia, elle est venue me voir lors de la première, avec Alain Delon. Il y avait aussi Johnny et Sylvie. Alain et Johnny se voyaient beaucoup à l'époque. Delon était un grand admirateur des talents de chanteur de Hallyday. Même s'il a eu effectivement du succès grâce à son duo avec Dalida "Paroles, Paroles", Delon a toujours rêvé de chanter, d'en faire une carrière. » Souvent les deux couples se retrouvent le week-end à Deauville, dans la maison dont Carlos a hérité de sa mère Françoise Dolto. Autour de la table, au cours de dîners bien arrosés, ils côtoient Michel Sardou, Jean Yanne et ce même Jean-Jacques Debout. Quant à Mireille Darc, elle les fait rire en racontant ses anecdotes de tournage. Bref, avec la disparition de la « Grande Sauterelle », Johnny enterre une belle partie de sa jeunesse, encore une fois.

Aux obsèques de Mireille Darc, tout le ban et l'arrière-ban du show-biz français s'est déplacé. Le 1er septembre 2017, on se presse à l'intérieur comme à l'extérieur de l'église Saint-Sulpice, rive gauche. « Telle une étoile filante, Mireille Darc a traversé le temps en laissant des parcelles de rêve et d'amour », déclame alors dans son homélie Mgr Jean-Michel Di Falco, sur fond de grandes orgues et d'ovations. Johnny et Laeticia sont là, ce sera la dernière apparition publique du couple. Hallyday, entièrement vêtu de noir, un crucifix d'argent sur la poitrine, est sombre, voûté, ses traits sont tirés, sa démarche est raide. Les photographes et les caméras qui se ruent à leur rencontre l'agacent, il ne s'en cache pas. Jean-Jacques Debout raconte : « Johnny s'est assis à côté de moi. Il avait le teint grisâtre et avait du mal à s'asseoir. Cela faisait quatre ans qu'on ne s'était pas vus. Il m'a embrassé et m'a dit : "J'espère que ce n'est pas la dernière fois qu'on se voit, Jean-Jacques." Et il m'a tapé sur l'épaule. Après, il s'est relevé pour aller consoler Delon, qui était en larmes. Puis ils sont repartis ensemble, entourés de gardes du corps. »

Revoir L. A.

Retour avec Laeticia à Marnes-la-Coquette, où les nouvelles ne sont pas bonnes, pas bonnes du tout. Il va lui falloir rester, alors qu'il était prévu de repartir pour Los Angeles dès le 15 septembre afin d'y finir son album. Il n'en est pas question. Certes, Hallyday aurait pu se faire soigner là-bas. Mais il a préféré être entouré d'une équipe médicale française, dans la perspective du traitement lourd et expérimental qu'il va subir. Johnny veut pouvoir tout comprendre, tout suivre. Laeticia et lui parlent tous les deux bien anglais, mais l'anglais médical, c'est autre chose.

À peine a-t-il posé le pied en France que Los Angeles lui manque déjà. Là-bas, au moins, on respecte la réussite. Il peut se balader en cabriolet sans se faire traiter de nouveau riche, et le passe-temps favori du public comme de la presse ne consiste pas à brûler des idoles autrefois adorées. En Californie, on lui fiche la paix. Il va faire ses courses tranquillement, emmène ses gamines acheter une glace sans qu'on lui demande un selfie. Située dans le quartier de Pacific Palisades, la villa qu'il s'est fait construire, après avoir longtemps résidé dans une bâtisse rose de Beverly Hills, n'est qu'à quelques encablures du lycée français, où sont scolarisées Jade et Joy. Au cœur du rêve américain.

Un rêve américain bâti sur mesure. Vue de l'extérieur, sa maison aux façades blanches est ceinte d'un mur rouge qui laisse voir le bâtiment. À l'arrière, une piscine, une cuisine extérieure et un vaste jardin. Les voisins ? Steven Spielberg, Tom Hanks, Ben Affleck, Kate Hudson… Des stars, des vraies, avec leur étoile sur Hollywood Boulevard, pas ces snobinards du cinéma et de la chanson française qui se rengorgent de leur César ou de leur Victoire de la musique. Là-bas, Johnny et Laeticia jouent dans la même cour que Brad Pitt et Angelina Jolie, symboles de glamour. L'objectif à atteindre. Avant le divorce retentissant des acteurs hollywoodiens, en tout cas.

À Los Angeles, fin février 2017, dans cette même maison, Johnny a annoncé à sa fille Laura et la mère de celle-ci, Nathalie Baye, qu'il avait un cancer. La sentence du corps médical est tombée en novembre 2016, et le secret a longtemps été bien gardé, par son plus proche entourage comme par ses discrets visiteurs. Appuyée sur des béquilles, gênée par une double entorse à la cheville gauche depuis une bête glissade dans le jardin, sa femme Laeticia les a tous reçus. À la mi-février 2017, Grégory Boudou, le frère de Laeticia, est même venu fêter son anniversaire et rendre visite à ses nièces Jade et Joy.

Contre-feux

Le jour du retour à Paris de Laura et Nathalie, tout s'est alors accéléré. *Via* un message posté le 6 mars sur le compte Facebook de Laura. Extrait: « On me le reprochera peut-être, mais j'estime qu'il est de mon devoir de vous annoncer la mauvaise nouvelle, afin d'éviter que des charognards ne s'en emparent. Il y a quatre mois, mon père a appris qu'on lui avait diagnostiqué un cancer des poumons. Récemment, des métastases ont atteint son foie, son estomac et, malheureusement, son pancréas. Il est donc condamné. » Malgré les dénégations désespérées de Laura, la machine à rumeurs est lancée, précédée par des bruits persistants qui couraient déjà la semaine précédente dans les rédactions parisiennes, annonçant carrément la mort de Johnny. Tentant d'allumer lui-même un contre-feu, Hallyday affirme pourtant le 7 mars, sur Twitter: « Pour tous ceux qui m'aiment, je vais très bien merci. »

Ça n'a pas suffi à éteindre l'incendie, au contraire. Le lendemain, il s'explique au fil d'un message plus long: « On m'a effectivement dépisté il y a quelques mois des cellules cancéreuses pour lesquelles je suis actuellement traité [...]. Mes jours ne sont pas aujourd'hui en danger. C'est un combat que je mène fièrement avec Laeticia et mes proches. » Pour répondre aux sentences les plus alarmistes, rien de mieux que la transparence, même avec un train de retard. Façon Johnny, et Laeticia.

Quant au message Facebook de Laura qui a mis le feu aux poudres... Une sombre affaire. Qui était l'auteur de ces mots? En tout cas, elle a bel et bien été victime d'un pirate informatique, qui espionnait ses conversations privées depuis au moins deux ans, et a même tenté de la faire chanter en dévoilant, si elle portait plainte, d'autres messages qui auraient dû rester confidentiels. La jeune femme ne s'est pas laissé faire et a contacté la police. L'homme, un récidiviste, a rapidement été interpellé. Mais le mal était fait.

Avec la santé de Johnny, rien n'est jamais simple. La semaine même du message de Laura, les couvertures des magazines annoncent que Johnny consultait pour un cancer du poumon avec métastases et qu'il subissait une chimiothérapie. Exactement les mêmes informations que celles de Laura – ou que le hacker de Laura, on ne saura jamais vraiment. Étrange, d'ailleurs, de constater qu'en cette période de toute-puissance autoproclamée du Web la presse papier à l'ancienne tient toujours la corde en matière d'informations. Johnny disait souvent: «Quand je ne suis pas imprimé, je suis déprimé.» Il ne croyait pas si bien dire: après sa mort, il fait encore la une des magazines.

«Johnny va bien»

En novembre 2017, son manager Sébastien Farran et le musicien Yarol Poupaud, l'homme qui lui a présenté Johnny, se trouvent dans le quartier Oberkampf, à Paris. Ils attendent leur tour dans les loges de l'émission *C à vous*, diffusée sur France 5. Leur mission : assurer la promotion de l'album *On a tous quelque chose de Johnny*, ce disque de reprises conçu pour figurer sous le sapin de Noël et qui, sorti à peine un mois après la mort de Johnny, se vendra par brouettes.

Sébastien Farran et Yarol Poupaud ? Deux gars chaleureux, un peu marlous sur les bords, et toujours prompts à mettre de l'ambiance. Pas étonnant que ça ait collé, entre Johnny et eux. Il était difficile au journaliste de la chaîne de ne pas demander à Farran quand Laeticia (ou Johnny) allait s'exprimer, au vu des dernières nouvelles. Farran a réfléchi, et commencé par un « Quand il sera sorti », puis il s'est vite repris : « Quand l'album sera sorti », voulait-il dire… Précision : au moment de cette rencontre, Johnny est hospitalisé dans le plus grand secret à la clinique Bizet, dans le XVIe arrondissement de Paris, ce depuis le 13 novembre à 2 heures du matin. La nouvelle ne sera rendue publique que le 17 novembre seulement, la veille de son retour à Marnes-la-Coquette. En s'exprimant sur le plateau de *C à vous*, Farran ne dérape pas ; il ne paraît pas même inquiet, il tient son rôle. Selon lui, Johnny va le mieux possible, il se soigne, se bat. Le rockeur travaille toujours sur son nouvel album. Et qu'on lui fiche la paix, parce qu'il est très agacé par tout ce tintamarre, toutes ces sornettes que l'on colporte.

Depuis que Laeticia a pris pour de bon la barre du navire Hallyday, certes on sent parfois un peu de roulis, ça tangue, mais dans l'ensemble la coque tient bon. Les fuites sont contenues, maîtrisées. Les infos sont distillées goutte à goutte, et pour servir la cause.

3

Les derniers courtisans

« On s'est senti en famille »

Un étrange métier, en vérité. Dans le Larousse, l'anglicisme « manager » signifie, en tant que verbe, « faire du management, organiser, gérer quelque chose, diriger une affaire, un service, etc. ». Dans le cas de Johnny, mieux vaut alors se diriger vers le mot d'origine italienne, « imprésario », plus désuet mais plus adapté, ainsi défini par le même dictionnaire : « Personne qui négocie les contrats d'un artiste (comédien, chanteur, artiste de music-hall) moyennant un pourcentage sur les rémunérations obtenues. » Contrats, artiste, pourcentage, rémunérations… On est dans le sujet. Tout au long de la saga Hallyday, ces personnages du tout premier cercle ont toujours été au cœur du réacteur. Le dernier en date, celui qui l'a accompagné jusqu'à la fin, se nomme Sébastien Farran. À ce jour, il officie toujours au côté de sa veuve, Laeticia, effectuant quasi les mêmes missions.

Pour un chanteur de la dimension d'Hallyday, recruter un manager ne se fait pas par le biais de petites annonces mais plutôt par relations. L'élu se doit en effet d'avoir toute la confiance de son client, dans la mesure où il va servir à la fois de confident, de stratège et de premier défenseur de ses intérêts, qu'il partagera avec lui. Mais aussi, c'est le revers de la médaille, il faudra qu'il joue le rôle de nounou, de souffre-douleur et à l'occasion d'homme à tout faire. Une association qui ressemble à un mariage de raison, souvent pour le meilleur, parfois pour le pire.

Dans le cas de Sébastien Farran, le lien s'est fait *via* le guitariste Yarol Poupaud, lui-même arrivé dans l'entourage d'Hallyday par capillarité. Yarol et Johnny se croisent pour la première fois en 2006, sur le tournage de *Jean-Philippe.* Un film en forme d'uchronie, de mise en abîme, dans lequel le réalisateur Laurent Tuel imagine la vie d'un Jean-Philippe Smet qui ne serait jamais devenu Johnny Hallyday. Yarol Poupaud, par ailleurs frère aîné du comédien Melvil Poupaud et membre du groupe FFF, apparaît à la toute fin du long métrage, guitare en mains, sur la scène du Stade de France, lorsque Hallyday, qui joue son propre rôle, reprend sa place de rockeur numéro un. « On a sympathisé, se souvient Poupaud. Pendant trois nuits d'affilée, on a fait le bœuf, on a discuté musique. Surtout d'Elvis, d'Eddie Cochran[1]... » Rapidement, ils s'aperçoivent que, s'ils ont vingt-cinq ans d'écart, Johnny et Yarol sont issus de la même matrice : le rock des pionniers, ce rockabilly qui a émergé aux États-Unis, dès le début des années cinquante.

---

1. *Gala*, 22 novembe 2017.

Après le tournage, chacun retourne à ses occupations. Une énième tournée des stades pour Hallyday, et la composition de musiques de films comme la production d'albums pour Yarol Poupaud. En 2011, leurs chemins se recroisent. Johnny est en pleine promotion de son album *Jamais seul*, composé par Matthieu Chedid. Ce dernier n'est pas disponible pour en assurer la promotion et se montrer à la guitare lors des passages télé et autres apparitions. Après un mini-concert devant cent personnes dans les studios de RTL le 30 mai, le téléphone de Yarol Poupaud sonne à 2 heures du matin. C'est Hallyday. « En sortant du concert, j'étais juste hyper content de pouvoir raconter ça un jour à mes petits-enfants, s'amuse Yarol Poupaud. Et là, il me demande si je suis d'accord pour qu'on fasse sa prochaine tournée ensemble. Bien sûr que j'ai dit OK[1]... »

Illico presto, Yarol, sa femme l'ex-mannequin Caroline de Maigret, et leur fils Anton s'envolent rejoindre les Hallyday à Los Angeles. « Pendant ces deux mois chez eux, on s'est tout de suite sentis en famille. Les gamins jouaient ensemble, tout s'est passé d'une façon très naturelle[2]. »

« Il y avait du boulot pour moi »

De fil en aiguille, les liens se resserrent. Hallyday, qui vient de rompre avec Jean-Claude Camus, n'a plus vraiment de manager. Yarol Poupaud, toujours :

1. *Gala*, 22 novembre 2017.
2. *Vanity Fair*, mai 2016.

«À l'époque, Johnny sortait de maladie, il s'était séparé de plusieurs collaborateurs et semblait un peu seul.» En mai 2016, Laeticia Hallyday expliquait dans *Vanity Fair*, au sujet de cette période: «J'avais des idées mais je ne pouvais pas tout faire toute seule. J'avais vraiment besoin de quelqu'un pour nous protéger, nous emmener dans une direction artistique différente. Un professionnel qui pourrait aussi dompter le lion! Parce que Johnny n'est pas facile à gérer. Il a inventé la mauvaise foi, et il a aussi des moments de doute, d'angoisse... Il faut faire des compromis, accepter certaines choses. Parfois on peut recadrer, parfois il n'est pas disponible pour la discussion.» Ni une ni deux, Yarol lui souffle le nom de son pote de longue date Sébastien Farran. Laeticia se renseigne alors sur son compte. «J'ai étudié ses interviews, ses coups de gueule, ses casseroles. Le lendemain matin, je lui ai envoyé un billet d'avion. Deux jours plus tard, il sonnait à notre porte, à Los Angeles. Dès que j'ai vu son regard, j'ai compris que nous allions pouvoir avancer sur le même chemin de transparence et de respect. Nous nous sommes installés tous les trois, avec Johnny, dans un coin très calme de la maison, et nous avons passé trois heures à parler. Je suis très bavarde, mais Johnny écoutait et ne disait rien. À un moment il a posé sa main sur ma jambe et c'était bon, j'ai su qu'on allait vivre une belle histoire, qu'on commençait un beau voyage[1]...»

Sébastien Farran, de son côté, raconte: «Arrivé là-bas, je me rends à la villa de Johnny à Pacific Palisades. Je rencontre Laeticia, et ensuite Johnny. Puis

1. *Vanity Fair*, mai 2016.

Yarol est parti répéter et j'ai parlé seul à seul trois heures et demie avec Johnny. J'ai vécu un truc rare. Une rencontre exceptionnelle. Le discours de Johnny me semblait hallucinant [...]. Les gens se querellaient. Johnny fatiguait. Il avait des envies artistiques dont personne ne tenait compte. Laeticia était considérée comme un souci [...]. Johnny avait des doutes sur tout. Clairement, il y avait du boulot pour moi[1]. »

Gestion de crise

Manifestement, le fait que Farran se soit longtemps occupé de NTM puis de JoeyStarr a été déterminant pour Johnny. Celui-ci expliquera en octobre 2015 au *Monde Magazine*, qui consacre un portrait à Sébastien Farran, intitulé « Seb Farran, le dompteur des grands fauves de la musique française » : « Je me suis dit, s'il travaille pour JoeyStarr, c'est qu'il doit être bon parce que ça doit pas être facile. » *Avoir travaillé* – au passé – pour JoeyStarr n'est pas facile non plus. Sébastien Farran s'en apercevra plus tard, à ses dépens.

Résultat, le 20 avril 2012, la nouvelle est ainsi officialisée par un communiqué de presse : « Depuis 1989, Sébastien Farran a fait ses armes dans l'univers du hip-hop et des musiques urbaines, notamment en tant que manager du groupe Suprême NTM dès ses débuts et par la suite des carrières de Tété, Raggasonic, Cocoon, Étienne de Crécy, Izïa et bien sûr JoeyStarr.

« Intuitif et passionné, Sébastien est aussi à l'origine de la création du Big Festival, à Biarritz, lequel,

1. in Johnny Hallyday et Philippe Manœuvre, *La Terre promise*, Fayard, 2015.

après quatre éditions, rivalise déjà avec les plus grands festivals.

«Après de nombreuses expériences dans l'univers du disque, de la musique et des tournées d'artistes, il crée Lickshot Entertainment, en 1997, où à l'aide de son équipe, il est également producteur de disques (Toma, Outlines, etc.).

«Aujourd'hui, Sébastien signe avec le plus grand artiste francophone de notre époque: Johnny Hallyday.»

C'est donc un manager venant principalement du hip-hop, la musique dominante, et qui bouillonne encore d'inventivité en France, qui va s'occuper du monument Johnny Hallyday. Et pourquoi pas? Fils et petit-fils de grandes figures historiques de la station de radio RTL, «Seb» baigne depuis toujours dans le show-business. Il connaît par cœur le mode de fonctionnement des organisateurs de tournées comme celui des maisons de disques. Il a même fait de la télévision, rejoignant en 2007 le jury du télé-crochet *Popstars* sur M6 aux côtés de la chorégraphe Mia Frye, de l'actuel patron du label Barclay-Universal Benjamin Chulvanij et de la chanteuse Ophélie Winter.

Surtout, c'est un grand habitué de la gestion de crise, son lot quotidien lorsqu'il s'occupait de NTM puis de JoeyStarr en solo. De fait, Sébastien Farran a tout vu et tout vécu avec Bruno Lopes alias Kool Shen et Didier Morville alias JoeyStarr: condamnation du groupe pour «propos outrageants envers les forces de l'ordre» en 1995, allers-retours fréquents en prison pour JoeyStarr et, en 2009, annulation de plusieurs concerts de NTM, à la suite de l'incarcération de ce dernier après une bagarre de rue. Là,

Sébastien Farran a bu le bouillon, pour de vrai. Dans ce genre de situation, les assurances ne payent pas la note, et les pénalités d'annulation sont très lourdes. La cinquantaine approchant, le manager a donc été confronté à peu près à tous les cas de figure lorsqu'on s'occupe d'artistes à la fois instables et exposés, populaires et contestés.

Une équipe resserrée

Hallyday, depuis cinq décennies, est incontestablement l'artiste français le plus exposé et le plus populaire qui soit. Une fois en poste, Sébastien Farran met rapidement en place une stratégie pour redresser la barre. Son analyse est simple : Johnny a fait naître le rock en France, pourquoi ne pas le faire revenir aux origines ? Au départ, le rock s'était construit en France contre la chanson traditionnelle, contre cette variété française honnie à laquelle Hallyday finira par appartenir. Pourquoi ne pas revenir à la source ? Farran explique : « Que pouvais-je lui apporter ? Je pouvais faire en sorte que Johnny se concentre sur ce qu'il avait envie de faire. Mais il fallait le dégager de ses obligations people. Quand je suis arrivé, Johnny était considéré comme un chanteur de variétés françaises. [...] À mon sens, Johnny est le rocker national. Ce n'est pas un rocker comique à la Margerin. [...] Donc, pour moi, revenir à Johnny le rocker était plausible. Je n'avais pas envie de l'associer aux grands noms de la variété locale[1]. »

1. in Johnny Hallyday et Philippe Manœuvre, *La Terre promise*, *op. cit.*

Une rupture, surtout avec la méthode adoptée pendant des années par ses prédécesseurs. Depuis le milieu des années 1980 et les succès critiques et commerciaux coup sur coup des albums *Rock'n'Roll Attitude*, écrit par Jean-Jacques Goldman, et *Gang*, signé Michel Berger, la recette semblait simple : il suffisait de mettre dans la bouche d'Hallyday les mots des auteurs et compositeurs talentueux du moment ou ceux de signatures connues voire prestigieuses, et l'affaire était dans le sac. Résultat, pendant presque trois décennies, Johnny a chanté, dans le désordre, aussi bien du Patrick Bruel, du Pascal Obispo, du Zazie, du Catherine Lara, du Gérald de Palmas, du Guy Carlier, du Benoît Poher (Kyo), du Doc Gynéco, du Muriel Robin, du Marc Lévy, du Francis Cabrel, du Bono (U2), du Raphael, du Calogero que du Matthieu Chedid... Avec bonheur, ou pas.

Farran resserre alors progressivement les équipes, privilégie d'autres auteurs, talentueux mais pas forcément connus du très grand public (Christophe Miossec, déjà présent à l'époque de Pascal Nègre, Jeanne Cherhal, Aurélie Saada du duo Brigitte, Vincent Delerm), et pas forcément vendeurs *a priori*. Quant aux compositions, Yodelice se retrouve peu à peu seul à la manœuvre. Même si, avec le temps, les Stade de France se sont transformés en Bercy et les millions d'albums vendus en centaine de milliers, la formule se révélera gagnante. Sur la scène du Zénith de Paris, le 12 février 2016, Johnny et Yodelice triompheront lors des Victoires de la musique, récompensés par « l'Album de chansons de l'année » pour *De l'amour*, le dernier disque de Johnny paru de son vivant. Un peu comme un père et son fils, spirituel en tout cas.

Fils spirituel

Yodelice, Maxime Nouchy de son vrai nom, a déjà un père, bien vivant : Marc Nouchy, dont le métier est producteur. Compagnon de route, aussi, de l'homme de télévision Nagui et du réalisateur Gérard Pullicino. Par le biais de son paternel, Maxime décroche au milieu des années 1990 un rendez-vous avec Santiago Casariego, l'ex-batteur du groupe Mano Negra, passé aux commandes des éditions musicales chez Universal. Aujourd'hui à TF1, où il dirige le label musical Music One, Santi se souvient : « Je n'avais pas envie de le recevoir. En plus, il est arrivé sans maquette, juste avec sa guitare... Mais ce gamin de dix-sept ans a joué quatre morceaux, et je lui ai finalement dit : "Je te signe !" » Choisi par Casariego pour réaliser l'album des L5, gagnantes de la première édition de *Popstars* en 2001, le jeune homme goûte ensuite à la brûlure des flashs au bras d'une chanteuse issue de la Star Academy, Jenifer. Ils font partie de la bande d'Audrey Tautou, Matthieu Chedid, Guillaume Canet et Marion Cotillard, avec qui ils partent en week-end. L'heure est à se réinventer, et Maxime décide de disparaître derrière le personnage de Yodelice, un peu comme son pote Matthieu Chedid l'a fait avec M.

Joli coup. Sa chanson « Sunday With a Flu » est un tube en 2009. Il peut enfin se lâcher, sous le chapeau de Yodelice, vagabond à la joue tatouée d'une larme.

Reconnu à sa juste valeur, nourri par la culture rock et groove américaine, il est remarqué par l'équipe de Johnny Hallyday. Vite adopté, aussi, dans la mesure où, enfant du sérail, Maxime en connaît les codes : il ne parle pas business et ne critique personne, jamais personne. Réserve très importante dans ce micro-milieu qui fonctionne souvent comme une cour où trônent Johnny et Laeticia. Mieux vaut ne rien y laisser paraître ni transparaître de ses impressions ni de ses émotions, sous peine d'exclusion temporaire ou définitive. Pour ne rien gâcher, le jeune homme a du flair. Également producteur, il est derrière le succès de la Française Jain, qui résonne même à l'international. Une artiste pointue, qu'il a su pourtant porter aux oreilles du grand public.

Avec cette nouvelle équipe, en peu de temps Johnny est (re)devenu branché. Désormais, le couple Hallyday passe le plus clair de son temps à poster des photos sur Instagram, Facebook ou Twitter, et une bonne partie de la vieille garde a disparu des radars, remplacée par de jeunes gens barbus et de jolies filles perchées sur des talons aiguilles, portable à la main, qui gravitent dans leur sillon entre Los Angeles et Saint-Barth.

Yarol Poupaud précise : « Nous n'étions pas une équipe de com chargée de rajeunir son image ou je ne sais quoi. Je le répète, tout s'est passé très simplement. Johnny et Laeticia ont été les seuls architectes de tout ça. Au final, ce sont eux qui décidaient et personne d'autre. Quant aux changements réguliers dans l'entourage de Johnny, ils ont certainement fait partie du secret de sa longévité comme de son extraordinaire carrière. Lorsque je travaillais avec lui, la question qui se posait était : Vais-je faire partie de la prochaine vidange ? S'il considère que tu piétines, si tu es trop ringard pour lui... À toi de faire en sorte que cela arrive le plus tard possible[1]. » Dans son cas, il aura accompagné le rockeur jusqu'au bout, même à l'église de la Madeleine, où il a joué de la guitare, et au cimetière de Saint-Barthélemy, aux Antilles.

Vieux dossiers

Faire partie de la cour de Johnny Hallyday ne manque pas d'avantages, vu la générosité légendaire du personnage, mais ce n'est pas sans danger. Tout d'abord, il y a le risque de la disgrâce qui peut tomber sans prévenir, du jour au lendemain. Il y a aussi le risque de l'exposition, voire de la surexposition. Tout au long d'un parcours qui s'étale sur presque six décennies, les places autour de Hallyday ont toujours été chères et convoitées. De quoi faire des envieux et voir de vieux dossiers déterrés, de vieilles haines se réveiller.

Pour Sébastien Farran, qui tient la toute première place dans l'organisation Hallyday des dernières années, les coups viendront de Didier Morville, alias JoeyStarr, dont il a été l'ami comme le manager pendant plus de vingt ans. Une histoire d'amour-amitié qui se termine mal, avec des noms d'oiseaux, des assiettes qui volent, des lettres ouvertes à tous les vents étalant les rancœurs, les reproches. Un divorce après vingt-cinq ans de mariage, ce n'est jamais joli joli.

1. *Gala*, 22 novembre 2017.

Si, sous l'ère Farran, la communication de Johnny s'est principalement faite par les réseaux sociaux, c'est *via* ces mêmes réseaux que JoeyStarr va régler ses comptes. En juin 2015, le rappeur publie un long post sur son compte Facebook, où Farran est frontalement accusé de tous les maux : gestion hasardeuse du Big Festival de Biarritz, dont JoeyStarr était le parrain depuis sa création en 2009, insultes et surtout de graves accusations, relatives à la façon dont Farran s'est occupé depuis quelques années des affaires de JoeyStarr. Toujours sans filtre, ce dernier dénigre le nouveau milieu dans lequel il évolue – référence à son poste auprès d'Hallyday. Sans oublier la consommation de « substances ». Violent.

Quelques jours plus tard, Sébastien Farran prend la plume pour publier sur le site *Huffington Post* une « Lettre ouverte à JoeyStarr, mon ami perdu ». Extraits, dans le registre de l'émotion : « Tes coups de gueule, tes emportements, tes causes perdues, tes errements, tes erreurs, je les connais tous comme tu peux connaître les miens. Quand je te lis, je te vois, y compris tes zones d'ombre les plus sombres. Pendant longtemps, j'ai pensé qu'avec moi au moins tu aurais pu continuer le dialogue, qu'on ne se serait jamais ignorés d'un coup. » Ou encore : « Sans aucune procédure officielle, tu m'accuses d'escroqueries diverses que j'aurais commises à ton détriment, te spoliant sans retenue pendant dix ans. Aujourd'hui encore ma société supporte financièrement tes "erreurs". Il y a six ans quasiment jour pour jour, tu as été incarcéré la veille d'une tournée de festivals en raison d'un mouvement incontrôlé avec une machette. Bilan : six mois de prison pour toi.

Pause dans ta carrière. Rentrées financières en berne. Mais qui était là, Didier, pour régler tes factures ? Ta "bévue" a grandement endetté ma société. Et j'en suis, tu le sais aussi, encore là à payer les pots cassés. »

Trois ans plus tard, le 10 avril 2018, Sébastien Farran est placé en garde à vue, après que JoeyStarr l'a accusé d'être responsable de son endettement. L'enquête, pour vol et escroquerie, est toujours en cours. Farran sort de garde à vue le lendemain. Justement, au printemps 2018, le calendrier judiciaire s'accélère côté Hallyday : la deuxième audience, qui doit décider du sort de l'album comme de l'éventuel gel des avoirs de Johnny, se tiendra le 15 avril. Laeticia a choisi cette même semaine pour s'exprimer dans la presse. Les péripéties judiciaires affectant le manager de Johnny paraissent ainsi, aux yeux du grand public, liées à l'affaire de l'héritage, alors qu'il n'en est rien.

Pour ne rien arranger, une rumeur enfle, persistante. On voit ensemble Sébastien Farran et Laeticia Hallyday, souriants, dans les rues de Los Angeles. Les articles jouent sur les mots, mettant en avant le rôle de Farran auprès de la veuve pour s'occuper des affaires courantes. Anthony Delon, fils d'Alain et soutien de la première heure de David et Laura, publie alors un cliché du prétendu couple sur son compte Instagram. À ceux qui s'interrogent sur ses motivations sur le même réseau, il répond : « Sérieusement, vous pensez que je raconte des conneries pour aider David ? Pas sérieux. [...] J'ai autre chose à faire que de me balader sur Insta JUSTE pour raconter des mensonges pour l'un ou l'autre "camp". »

Du côté de Laeticia, pas de réponse, pas de démenti, pas de réaction. On laisse dire, on laisse faire. Par la suite, Laeticia sera mise en couple avec d'autres. Et pourquoi pas Brad Pitt ?

Lorsqu'il se décide à s'exprimer, Sébastien Farran, qui vit avec la styliste Nadège Winter, se contente au sujet de Laeticia d'un « Avant de partir, Johnny m'a demandé de protéger sa femme et ses filles[1] », rien de plus. Laisser dire, garder le silence, ne pas commenter les commentaires, encaisser les coups sans moufter. C'est le prix, si l'on veut survivre dans la cour des Hallyday, même après la mort du roi.

Mon pays, c'est l'amour

Sébastien Farran reste le manager. Le 7 août, un producteur nommé Freddy Sheen fait savoir qu'il est en train de monter un spectacle hommage à Hallyday. Il affirme avoir pris contact avec des musiciens de Johnny et son manager. Selon lui, tout est sur les rails. La réponse de Farran ne tarde pas, définitive, dès le lendemain : « Je l'ai eu au téléphone et j'ai reçu un dossier d'une page, c'est tout. Mais je n'ai pas donné suite, car cette tournée hommage ne m'intéresse pas. Je les aurais rencontrés s'ils n'avaient pas médiatisé leur projet, mais là, je vais leur dire non, car cela ne se fait pas. Si cela doit se faire, ce n'est pas de cette manière[2]. »

Sébastien Farran n'a depuis toujours qu'une seule façon de faire, la sienne. Le 19 octobre 2018, la sortie du cinquante et unième album du chanteur a

1. Le *JDD*, 26 mars 2018.
2. *Le Parisien*, 8 août 2017.

été orchestrée par ses soins, en liaison avec la maison de disques Warner. La photo – elle date de 2012 – qui orne la pochette est signée Dimitri Coste, photographe pointu, dingue de motocross, arrivé dans le sillon du guitariste Yarol Poupaud. Le décor est délabré, l'ambiance urbaine. La photo fait partie de la même série que celle qui ornait la pochette de *L'Attente*, mais celle-ci est en noir et blanc.

Quant au titre choisi, *Mon pays c'est l'amour*, s'il est celui d'une des chansons du disque, il résonne aussi comme un pied de nez, pour peu que l'on se prête au petit jeu des interprétations. Le fond de l'affaire de l'héritage, cette guerre que se mènent d'un côté David et Laura et de l'autre leur belle-mère Laeticia, porte sur le pays de résidence de Johnny à la fin de sa vie… La Californie ou la France ? Le droit californien, qui permet à peu près tout en matière de succession, ou le droit français, qui réserve quoi qu'il arrive une part à tous les enfants du défunt ? En choisissant ce titre et en domiciliant Hallyday au pays de l'amour, sa dernière équipe a ainsi décidé de botter en touche, tout en laissant libre cours à l'imagination. L'amour de Laeticia ? Celui du public ? Bien joué, en tout cas, même si ça n'a pas manqué : à peine le titre révélé, le 6 septembre, la machine s'est remise en route. Laura Smet dément avoir déploré ce choix, fait au détriment de *Made in rock'n'roll*, le titre qui circulait auparavant. La station de radio France Info a alors maintenu ses informations, assurant : « C'est une source parfaitement fiable dans son entourage qui nous a confié la réaction de la comédienne. Laura Smet a dit à ses proches que son père avait choisi *Made in rock'n'roll* pour intituler son dernier opus et elle a donné jeudi son feu vert pour que cette information – le non-respect de la volonté de Johnny – soit médiatisée. Il y a donc eu un revirement public de Laura Smet, dont d'ailleurs notre source est la première surprise. » À n'y plus rien comprendre…

Une seule chose est sûre, c'est bien la voix de Johnny Hallyday que l'on entend sur cet album, dont l'enregistrement a été au moins aussi chahuté que la publication.

Tout a débuté en mars 2017, au studio Apogee, à l'ouest de Los Angeles. Johnny vient d'apprendre pour son cancer. Plus précisément à Santa Monica, non loin de l'océan, à quelques encablures de la résidence de Johnny à Pacific Palisades. L'équipe, la dernière, est resserrée autour de Johnny, avec toujours Yodelice aux manettes, l'homme de confiance, celui qui a été adoubé par Hallyday de son vivant. Leur méthode de travail reste la même : on ne perd pas de temps, pour préserver la spontanéité, l'urgence propre au rock'n'roll. Pour commencer, les chansons sont choisies. Quelques-unes sont retenues et enregistrées dont, en plus de celle qui donne son titre au disque : « Made in rock'n'roll », « L'Amérique de William », « 4m^2 », « Back in L. A. », « J'en parlerai au diable », « Pardonne-moi », « Je ne suis qu'un homme », « Tomber encore » et « Un enfant du siècle ». Puis Hallyday revient en France pour la tournée des Vieilles Canailles, avec Jacques Dutronc et Eddy Mitchell, qui débute le 10 juin à Lille. Ensuite, au mois d'août, il part en vacances comme à l'accoutumée aux Antilles, profitant de sa villa à Saint-Barthélemy. Même s'il doit retarder son départ de deux jours, pour effectuer encore et encore des examens. Il va jusqu'à annoncer début août une tournée à venir, comme si s'assommer de projets pouvait conjurer le mauvais sort.

Car, autour de lui, on y croit encore. La reprise des enregistrements est prévue pour le 15 septembre à Los Angeles, le studio est retenu. Sauf que, de retour à Paris fin août, Hallyday doit finalement rester en France. Les médecins découvrent que ses os sont également touchés par le cancer, qui jusqu'ici n'atteignait que ses poumons et son foie. Il enregistre alors ses voix aux studios Guillaume Tell, à Suresnes, dans l'ouest parisien, quand il le peut, le plus souvent possible. Le matin, Maxime Nouchy passe le voir chez lui à Marnes-la-Coquette. Ensemble, ils discutent du morceau qu'ils vont enregistrer. Mais bientôt, Johnny ne parvient plus à se déplacer. Ses os se brisent, il souffre de multiples fractures, il est sous morphine à hautes doses. À l'hôpital de la Salpêtrière, à Paris, on pratique une cimentoplastie sur ses hanches, pour qu'il puisse marcher. Elle consiste en l'injection d'un ciment chaud pour consolider ses os. Une fois, deux fois – et ceci s'ajoute à la radiothérapie, à la chimiothérapie, aux transfusions de sang. Enfin, début novembre, lorsqu'il entre à la clinique Bizet, les médecins annoncent qu'il n'y a plus rien à faire. Johnny retourne à Marnes-la-Coquette, où il s'éteint le 5 décembre.

L'album est inachevé ; seules onze chansons dont un instrumental ont été finalisées, mais il sortira quand même. À Los Angeles, Maxime Nouchy termine le travail. Tous espèrent pouvoir le sortir au printemps 2018. Mais il est repoussé à cause de l'action de David et Laura, qui demandaient un droit de regard sur son contenu. Par droit de regard, il faut comprendre l'exercice d'un droit moral. Une spécificité du droit français qui permet notamment aux descendants, après le décès d'un artiste, de stopper l'exploitation ou d'avoir son mot à dire sur une œuvre non encore divulguée. Mais le tribunal de Nanterre a été clair : Johnny a validé toutes les chansons, son œuvre n'a pas été dénaturée. Bref, il n'y a aucune raison que David et Laura s'en mêlent.

Pour ces derniers, il n'était pas ici question d'argent. En revanche, pour la maison de disques Warner, les enjeux commerciaux étaient énormes. Quant à la satisfaction de Me Ardavan Amir-Aslani, l'avocat de Laeticia, à la sortie du tribunal, le 13 mars, elle n'était pas feinte. Loin de là.

4

Il faut savoir choisir son camp

De mémoire de notaire, on n'avait jamais vu ça. Avec la médiatisation de l'affaire de la succession, la profession se trouve submergée de questions. Lors de chaque consultation ou presque, sur quelque sujet que ce soit, les mêmes interrogations reviennent : « Au fait, puis-je déshériter mes enfants ? Comment procéder ? » Ou bien : « Comment faire pour que mes parents ne me déshéritent pas ? » « Et quelle est la place de ma belle-mère dans l'ordre de succession ? »

Familles, je vous hais

Les affaires d'héritage ne sont jamais simples, et celui de Johnny Hallyday fait vibrer une corde sensible. Car dans toutes les familles, dans tous les milieux, on en arrive à s'écharper autour du sous-main du grand-père, du guéridon de la grand-mère, de ce tableau que tout le monde s'accorde à trouver laid mais que chacun veut s'approprier. Par principe, même s'il finira à la cave. Avec une constante : les « pièces rapportées » sont accusées de tous les maux.

Pour les descendants directs, beaux-parents ou parents par alliance se mêlent de ce qui ne les regarde pas…

Dans l'imaginaire collectif, la famille, c'est avant tout les liens du sang. Les liens entre un père et son fils ou sa fille, une mère et ses enfants. Soit on partage le même sang, soit on ne le partage pas. Pour une immense majorité de Français, la vraie famille n'est rien d'autre. Alors même que, pourtant, près d'une famille française sur dix est recomposée, et comprend donc des demi-frères et demi-sœurs, une belle-mère, un beau-père. Deux fois plus qu'il y a vingt ans, selon les statistiques.

Hallyday contre Hallyday

Laeticia, Laura, David, Jade, Joy… Toutes et tous des Hallyday. Sylvie Vartan et Nathalie Baye ? Elles l'ont été, et le restent à jamais, d'une certaine façon. Si Laura a préféré se lancer dans une carrière d'actrice sous le nom de Smet, elle est une Hallyday, point. Quant à Estelle, même si elle a refait sa vie et repris son nom de jeune fille après son divorce de David Hallyday en 2001, elle s'est longtemps appelée Estelle Hallyday. Sous le nom de Estelle Lefébure, elle signe désormais des ouvrages à succès prodiguant des recettes de bien-être. Adeline Blondieau, mariée, divorcée puis remariée et redivorcée d'avec Johnny au début des années 1990, semble en revanche avoir tiré un trait sur les Hallyday. Une première fois en mai 2014, en l'accusant de l'avoir violée alors qu'elle était adolescente. Elle n'obtiendra pas gain de cause, les faits étant prescrits. Une seconde fois en mettant en septembre 2018 aux enchères des effets personnels liés à leur union, dont sa robe de mariage.

D'un simple nom d'artiste, Hallyday a fait un nom de famille, une marque indélébile pour tous ceux qui l'ont porté. Et lorsque cette même famille se dispute, c'est le « clan Hallyday », selon la formule consacrée, qui se déchire au grand jour. De fait, depuis la mort de Johnny, les Hallyday survivants s'assignent en justice au sujet de son héritage, ils s'envoient des courriers recommandés très désagréables, et publient des lettres ouvertes, s'accusant en public des pires turpitudes. Ils se donnent rendez-vous au tribunal, chacun avec leur avocat. Tous des pointures du barreau d'ailleurs, de fines lames habituées à ferrailler sur des dossiers sensibles, le tout devant les caméras. On ne part pas à la guerre sans un plan de bataille, une stratégie préétablie, et une armée en ordre de marche.

Me Amir-Aslani, l'homme de confiance de Laeticia

Situé dans les beaux quartiers de la rive droite, non loin des Champs-Élysées, le cabinet Cohen Amir-Aslani est quasi mitoyen de l'agence parisienne de la banque Melli Iran, établissement financier dont le siège est à Téhéran. Soit le lieu où est né Ardavan Amir-Aslani, le 22 juillet 1965. Dans la salle d'attente, plusieurs ouvrages sont à disposition des visiteurs, notamment les siens : *L'Âge d'or de la diplomatie algérienne, 1962-1978*, ou encore le dernier en date, intitulé *De la Perse à l'Iran*. Féru de géopolitique, ce docteur en droit a conseillé Johnny Hallyday pendant une petite dizaine d'années. Un client pas comme les autres? «Si, réfute-t-il. J'ai comme règle d'or de ne pas tout mélanger, de ne pas me mêler de la vie de mes clients[1].» Dans l'entourage de l'avocat, on raconte même que, lorsqu'il a rencontré pour la première fois Hallyday, il lui a demandé s'il était marié, où il habitait, l'âge de ses enfants, s'il avait déjà été marié avant cette union, quelle était la nature exacte de ses activités professionnelles... Une posture? «J'aime surtout l'opéra. J'ai une culture classique, et je ne me suis jamais intéressé au rock. Je le répète, Johnny Hallyday était mon client, un point c'est tout. Je ne suis pas une groupie ou un fan, comme il en a tant eu dans son entourage. Je ne suis pas aveuglé par les paillettes. Mon métier consiste avant tout à aider ceux qui font appel à mes services à mettre de l'ordre dans leur vie», assène-t-il.

Dans la continuité de sa mission auprès de Johnny, il représente aujourd'hui Laeticia, et la défend face à David et Laura. «Ce sont eux qui attaquent, on a tendance à l'oublier. Moi, je ne cherche qu'à faire respecter les dernières volontés de Jean-Philippe Smet.» Sa ligne de défense est connue: tout est dans le dernier testament en date. «Johnny Hallyday considérait à juste titre qu'il avait mis David et Laura à l'abri du besoin. Ils sont respectivement âgés de cinquante-deux et trente-cinq ans, alors que Jade et Joy sont encore des adolescentes. David et Laura ont construit leur carrière sur le nom de Hallyday, il ne faut pas non plus l'oublier.»

1. Les témoignages recueillis dans cet ouvrage ont été effectués par les auteurs. Voir liste des entretiens p. 225-226.

L'homme semble sûr de l'emporter. Pour lui, Johnny est un « artiste international », il ne fait aucun doute que son pays de résidence était la Californie, là où a été rédigé son tout dernier testament, celui qui est contesté pas ses aînés. Et si Me Amir-Aslani retient ses mots, son entourage est persuadé, encore une fois, que Sylvie Vartan, Laura et David étaient au courant de la teneur de ce document bien avant les obsèques. Ce même entourage évoque, pour appuyer cette impression persistante, l'attitude distante et « les regards noirs » jetés par Sylvie Vartan vers le banc de Laeticia, ce jour-là à la Madeleine. Ou encore l'absence de Sylvie Vartan à Saint-Barthélemy pour l'enterrement proprement dit, et le refus, là-bas, de Laura et David de se mêler aux autres invités, les proches de Laeticia. En revanche, en termes de stratégie, il se refuse à la guerre « sale ». À savoir traîner l'adversaire dans la boue en produisant des documents privés, très privés, éclairant les relations entre les membres de la famille Hallyday. Promis juré : si la guerre finit par éclater, ce sera sans Me Ardavan Amir-Aslani.

Le trust, entre fantasme et réalité

Sous nos cieux, le mot *trust* intrigue voire inquiète, même si Me Amir-Aslani se veut rassurant : dans les pays anglo-saxons, de telles structures sont très répandues, pour simplifier la procédure successorale. L'origine de cette pratique remonte même aux croisades, lorsque les chevaliers partaient combattre sans garantie de retour. Ils confiaient alors leurs biens à un ami de confiance, qui en versait les dividendes à la famille du croisé.

Tentons de résumer : un trust n'est ni une personne physique, ni une société. C'est un acte par lequel quelqu'un confie ses biens à un *trustee*, qui gère ces mêmes biens au profit d'autres personnes après son décès. Qui est le gestionnaire ? Une banque, dans la majorité des cas. La Bank of America dans celui de Johnny Hallyday. Soit la plus grande banque américaine, en termes de dépôts et de capitalisation boursière.

Tout à fait légale aux États-Unis, cette pratique procure quelques avantages, puisque les biens placés au sein d'un trust n'apparaissent plus dans le patrimoine de leur propriétaire, dans la mesure où ce dernier s'en est juridiquement dépossédé. Cela diminue d'autant les droits de succession. De plus, la confidentialité est assurée, et les biens sont ainsi protégés en cas de litige familial.

Johnny a donc créé un trust, le « JPS Trust » (pour Jean-Philippe Smet), en juillet 2014 lorsqu'il a rédigé son dernier testament en date. Et il ne s'est pas arrêté là. Il a aussi créé un « Credit Trust » pour solder les frais de succession à son décès, un « Marital Trust » pour assurer le train de vie de sa femme et un « Futur Trust » pour les études de leurs filles Jade et Joy…

Tout est prévu dans ce dispositif : après le décès de son mari, Laeticia sera l'unique bénéficiaire du patrimoine artistique et immobilier du chanteur placé dans le trust, même s'il est géré par une tierce personne. Si Laeticia décède, le tout revient à Jade et à Joy. Et lorsqu'elles disparaîtront à leur tour, leurs éventuels descendants en profiteront. *A priori*, tous les biens de Johnny sont englobés dans ces structures, à l'exception de la maison de Marnes-la-Coquette, située en France.

Laeticia a aussi le sien, le « LH Trust », qui abrite, toujours selon Me Amir-Aslani, la moitié de la propriété de Saint-Barthélemy, et son patrimoine personnel. Son contenu exact ? Mystère. « L'argent de Johnny est là », affirme un fin connaisseur du dossier. Un autre précise : « Sa toute dernière tournée, "Rester Vivant Tour", en 2016, a généré 25 millions d'euros de bénéfices. Il n'a pas pu tout dépenser ! Où est passée cette somme ? Dans le ou les trusts de Laeticia, bien sûr. »

Ces montages financiers complexes ne facilitent pas la compréhension de l'affaire, d'autant que le nom de Boudou finira par apparaître. Dans le système du trust, il y a en effet aussi un « protecteur » qui seul peut désavouer le *trustee*, en l'occurrence la Bank of America dans le cas de Johnny Hallyday. À la mort de ce dernier, ce protecteur s'appelait Grégory Boudou, le petit frère de Laeticia. En pleine tempête judiciaire, il a été remplacé trois mois plus tard par la comptable Barbara Uzzan, qui officie à Los Angeles.

Le processus de succession par la voie du trust est déjà enclenché. Au début du mois de septembre 2017, la Bank of America a demandé devant une cour californienne, à Los Angeles, l'entrée d'une liste de biens dans les trusts cités précédemment : les Harley de Johnny, sa Lamborghini, son AC Cobra, sa Bentley, quelques comptes en banque, ses droits d'auteur… « C'est un non-événement, il s'agit de la procédure normale de fonctionnement d'un trust qui suit son cours», affirme Me Amir-Aslani. Aux avocats de David et Laura alors de jouer, afin que, justement, elle ne suive pas son cours.

Hervé Temime, l'avocat de Laura

Un cabinet rue de Rivoli, juste en face du Louvre, sur lequel donnent les fenêtres de son bureau. C'est dans cet endroit que l'homme de soixante et un ans reçoit ses illustres clients: Bernard Tapie, Jacques Servier, Alain Afflelou, Jean-Noël Guérini, ou encore Roman Polanski, Catherine Deneuve, Gérard Depardieu, Nathalie Baye… Et maintenant, la fille de celle-ci, Laura Smet. On dit l'ex-compagnon de Valérie Lemercier courtois, jovial et très urbain. «C'est un bon vivant, ajoute Corinne Dreyfus-Schmidt, son associée depuis vingt-huit ans. Il imite à merveille l'accent pied-noir quand il a besoin de décompresser.» Charmant, il n'en est que plus redoutable. D'ailleurs, ce grand pénaliste, spécialiste de la défense des personnes physiques et morales, s'est vu décerner par le magazine *GQ* le titre d'avocat le plus puissant de France. Un trophée mérité, selon son associée: «Vif et intuitif, il sait anticiper les problèmes. Quand il plaide, on le sent comme un poisson dans l'eau.» «Hervé est un excellent tacticien, il déteste avoir tort», confirme Thierry Herzog, avocat de Nicolas Sarkozy et ami depuis trente-huit ans. Les deux conseils ont même partagé un cabinet en 1983, quai Saint-Michel, avant que, six ans plus tard, chacun ne reparte voler de ses propres ailes.

Lui préfère parler de sa passion pour cet art, et d'une faille aussi. Une faille dont ce rapatrié d'Algérie (en 1961) est parvenu à faire une force. « Les grands pénalistes sont tous des orphelins et ce métier ne peut correspondre qu'aux personnalités névrosées », dira-t-il de lui-même dans l'un des rares moments où il se livre. Hervé Temime perd son père à dix ans. Un traumatisme dont cet homme devenu à son tour père d'un petit garçon ne se remet pas : « Il y a derrière beaucoup d'avocats un enfant inconsolable. » La situation de Laura Smet ne pouvait que le toucher.

« Les trois semaines qui ont suivi la mort de Johnny, Laura n'a reçu aucune nouvelle de sa belle-mère. Pas un signe, constate-t-il. C'est terrible de se sentir exclue de cette façon. » Il attend le 22 novembre, date de la décision du tribunal de grande instance de Nanterre, qui déterminera si Johnny Hallyday était résident américain, auquel cas la loi de l'État de Californie l'autorisait à déshériter ses enfants. Ou si, au contraire, il est résident français et ne peut donc priver sa descendance d'une partie, au moins, de son héritage.

Dans ce combat, il se retrouve au côté d'une autre pointure en matière de droit pénal, Pierre-Olivier Sur. Cette star du barreau doit autant sa notoriété médiatique à sa participation au documentaire *Délits flagrants*, de Raymond Depardon, qu'aux grands dossiers dans lesquels l'ex-bâtonnier de Paris a plaidé, comme l'affaire Elf, celle dite du sang contaminé, l'Angolagate ou, plus étonnant, le procès des Khmers rouges. Du côté des victimes. Il arrive aussi à cet administrateur depuis 2002 du Fonds de garantie des victimes des actes de terrorisme et autres infractions de défendre des clients sans se faire payer. Une histoire de vocation.

Carine Piccio, l'avocate de David

Quand, en classe de sixième, ses professeurs lui faisaient remplir une petite fiche avec la rubrique « profession envisagée », elle écrivait : journaliste ou avocate. Elle a beaucoup lu Victor Hugo, pas mal écrit, effectué quelques piges au *Dauphiné libéré* dans la rubrique « Société », puis choisi le barreau. Une question de génération peut-être, pour cette quadragénaire qui, plus jeune, dévorait les séries télé. Celles dont les avocats étaient les héros. Aujourd'hui, il suffit de pénétrer dans son bureau, doté d'une immense baie vitrée donnant sur les Champs-Élysées, pour comprendre que Carine Piccio, l'avocate de David Hallyday, a de la suite dans les idées. Et une ténacité qui force le respect. « C'est une bosseuse qui ne lâche rien », confirme Pierre-Jean Douvier, conseil en fiscalité internationale. Grand spécialiste des trusts, c'est lui qui lui a demandé de l'assister dans l'affaire Hallyday. Sa passion, c'est le droit. Il y excelle, d'ailleurs : au sein du cabinet Francis Lefebvre Avocats, il a créé le département Fiscalité internationale composé de cinquante avocats, qu'il codirige. Il veut défendre et protéger. Carine Piccio et Pierre-Jean Douvier se sont donc partagé la tâche.

À lui, les arcanes de la fiscalité, les subtilités de ces structures anglo-saxonnes complexes souvent utilisées dans les successions. Il fait d'ailleurs observer que «le trust est organisé pour protéger et non déshériter les enfants». Or, dans le cas présent, «Laeticia en demeure l'entière bénéficiaire car il exclut Laura, David et les deux mineures. Jade et Joy n'auront droit de percevoir l'héritage qu'à quarante ans. À condition qu'il reste quelque chose.» Le débat est posé.

À elle, le droit de la presse, la propriété intellectuelle, les nouvelles technologies de l'information, les médias. C'est aussi à elle qu'il revient de prendre la parole. Ça tombe bien car cette blonde aux yeux bleus perçants a un sens inné du contact. Directe, elle vous appelle par votre prénom mais vous vouvoie; amicale, elle vous confie sa passion pour la plongée sous-marine; attentionnée, elle vous propose un café et y ajoute même une poignée de bonbons. Pour peu, on en oublierait presque que cette fille de Piémontais – un papa conducteur de travaux, une maman fonctionnaire – qui a grandi à Grenoble maîtrise parfaitement les codes de la communication. Ainsi, après avoir désigné Laeticia comme «madame Boudou» à la fin d'une audience – une pratique qu'elle répétera à l'envi sur les plateaux de télé –, elle feint de se désoler du buzz qu'elle a elle-même provoqué: «Je regrette que les gens n'aient pu retenir que cela et rien sur le fond.» Une belle rhétorique qui ne lui fait pas oublier le principal: la décision du tribunal de grande instance de Nanterre. «Je ne vois pas comment Johnny pourrait ne pas être un résident français», dit-elle.

Coup de massue

La stratégie des aînés, qui consiste à frapper Laeticia d'ostracisme, a fonctionné. Difficile en effet pour le commun des mortels de ne pas compatir au sort de deux enfants auxquels leur père n'a pas laissé une guitare, pas une moto, pas une pochette de disque… Les mots choisis durant la semaine du 10 février par les avocats de la fille de Johnny ont fait mouche. Les proches du chanteur ont alors été sommés de donner leur avis, de choisir leur camp. Eddy Mitchell tire le premier. L'ami d'enfance de Johnny se fend, le 16 février 2018, d'un communiqué à l'AFP dans lequel il assure : « Je ne comprends pas que l'on puisse déshériter ses enfants. Étant le parrain de Laura, il est normal que je la soutienne. » Plus tard, il tempérera ainsi ses propos : « Ce n'est pas du tout contre sa veuve, c'est contre lui, contre la forme de son testament[1]. »

Si Eddy Mitchell a la délicatesse de préciser qu'il ne reproche pas à Laeticia les dernières volontés de son mari, ce n'est pas le cas de la majorité de ceux qui lui tombent dessus. Quelques-uns font tout de même preuve d'une certaine modération, à l'image de Michel Drucker, le 15 février, sur CNews : « Qu'est-ce qu'il aurait aimé, lui ? Je crois que Johnny, il aurait aimé qu'on ferme notre gueule, donc je la ferme. » Ou de Line Renaud. Elle explique : « C'est terrible. Ces choses-là auraient dû

1. BMF TV, 29 mai 2018.

se régler en famille [...]. Je pense que cela ferait beaucoup de chagrin à Johnny de voir cela. [...] Je n'ai pas à prendre parti, je n'ai pas à intervenir. C'est leur problème, pas le mien. Une histoire de famille doit rester en famille[1]. »

Il n'empêche, ils sont peu à apporter publiquement leur soutien à Laeticia. Il y a bien la cuisinière étoilée Hélène Darroze, son amie intime, qui explique : « Laeticia, c'est une femme en deuil depuis deux mois, et vous pouvez bien imaginer qu'il y a des hauts et des bas [...]. Sincèrement, elle est affectée par le manque de son mari, je crois que c'est ce qui ressort le plus aujourd'hui. Le reste, je ne vais pas vous dire qu'elle le vit bien, mais quand elle pleure, c'est son mari qu'elle pleure, ce n'est pas ce qui se passe aujourd'hui[2]. »

Entre-temps, Laeticia a réagi. Sans affect, par un communiqué de presse transmis par son avocat : « Laeticia Hallyday a pris connaissance avec écœurement de l'irruption médiatique autour de la succession de son époux. Cependant, elle ne souhaite pas polémiquer par voie de presse sur les dires de Laura et David Hallyday et de leurs avocats. Elle regrette qu'ils aient choisi la voie médiatique plutôt que de s'en tenir à un cadre familial et légal. Laeticia est aujourd'hui sereine et n'aura de cesse de consacrer toute son énergie à faire respecter le travail et la mémoire de son mari, selon sa volonté et en conformité avec l'esprit de son œuvre inestimable. » Des mots et un ton froid et distant qui, en revanche, n'ont pas fait mouche.

1. *Le Parisien*, 17 février 2018.
2. RTL, 19 février 2018.

Cafouillages et revirements

Une bonne action ne reste jamais impunie. Ami de longue date du couple Hallyday, Jean Reno a rencontré Johnny Hallyday à la fin des années 1990. À l'époque, ils partageaient le même coach sportif, Hervé Lewis. Hallyday a plus tard été le témoin de mariage de Reno, lorsque celui-ci a épousé en 2006 le mannequin Zofia Borucka. Les deux couples furent très liés, se voyant à Los Angeles, à Paris, aux Antilles. Lors des obsèques à la Madeleine, Jean Reno a été l'un des rares à prendre la parole, adressant le poème de Jacques Prévert « Chanson des escargots qui vont à l'enterrement » à sa filleule Jade et à sa petite sœur Joy. Un intime, un vrai.

Le 22 février, l'acteur décide de rédiger un communiqué de soutien à la veuve du chanteur et à ses filles. Envoyé à RTL et diffusé à 18 heures sur le site internet de la radio, il est très vite retiré. Une nouvelle version est envoyée à l'Agence France Presse. Finalement, par la voix de son agent, l'acteur dément soutenir Laeticia Hallyday : « À la suite des différentes déclarations parues aujourd'hui en son nom dans la presse, Jean Reno souhaite démentir ces propos qui ne sont pas les siens. Il ne souhaite d'ailleurs pas s'exprimer sur cette situation qui reste une affaire familiale et d'ordre privé. » Il s'avérera plus tard que ce communiqué contenait des phrases estimées comme « juridiquement dangereuses » par les avocats de Laeticia. On n'est jamais trop prudent.

Si Jean Reno a toujours été fidèle à Johnny et Laeticia, ce n'est pas le cas de Jean-Claude Camus. Directeur de théâtres et producteur de spectacles, il a longtemps été celui des concerts de Johnny. En 2011, leur aventure se termine dans la fureur et les larmes: «Je n'ai pas été viré, c'est moi qui ai jeté l'éponge. Johnny est une star nationale qui a le train de vie d'une vedette internationale. Cela crée des besoins. En août dernier, par appât du gain, il m'a quitté, car je ne voulais pas m'aligner sur la somme très alléchante, 12 millions d'euros, qu'on [Gilbert Coullier Productions] venait de lui proposer pour une tournée en 2012[1].»

Puis il précise: «Je n'ai pas d'amertume. Nous formions un vieux couple depuis trente-cinq ans, slalomant entre bonheur et... péripéties. [...] Ce qui me gêne le plus, c'est le champ de ruines qui s'établit autour de lui. [...] C'est une évidence. Madame manage tout. L'amour rend aveugle. Tous ceux qui avaient la confiance de Johnny ont sauté. Moi, je dis: "Johnny, réveille-toi!"[2]»

Hallyday a mis du temps à se réveiller. Après avoir un temps traité Camus de «menteur», ils se réconcilient en 2016, alors que le producteur travaille sur son autobiographie, intitulée *Pas né pour ça.* Selon Jean-Claude Camus, Laeticia lui passe alors un coup de fil pour l'inviter à un concert de son mari, et ils se tombent dans les bras en coulisses. Tout est oublié. Depuis, Jean-Claude Camus est l'un des plus ardents défenseurs de la veuve, présent lors des obsèques à

1. *Gala*, 19 janvier 2011.
2. *Idem.*

la Madeleine comme lors de l'enterrement à Saint-Barthélemy, chantant ses louanges à la moindre occasion. Depuis que la sortie de l'album *Mon pays c'est l'amour* est annoncée pour le 19 octobre, Jean-Claude Camus clame partout, que ce disque était « un message d'amour à Laeticia » de la part de Johnny. On ne saurait être plus clair. Jean-Claude Camus serait sur les rangs pour produire une ou plusieurs comédies musicales autour de Johnny. Il n'est pas le seul.

D'autres ont en revanche préféré la discrétion. Entre l'homme d'affaires Jean-Claude Darmon et le couple Hallyday, c'était pourtant *a priori* à la vie à la mort. En 1998, ils fêtent ensemble la victoire de l'équipe de France à la Coupe du monde de football, au Stade de France. Dès lors, ils ne se quittent plus, et Darmon prête régulièrement aux Hallyday son jet privé pour leurs déplacements, notamment à Saint-Barthélemy, où il possède une propriété située non loin de la leur. Pendant la tournée des Vieilles Canailles, à l'été 2017, il a mis ce même jet à disposition de Johnny pour qu'il puisse rentrer à Marnes après les concerts. Mais un an plus tard, après la mort de Johnny, Darmon n'est plus là. Disparu, aux abonnés absents. « Plus de nouvelles », confirme-t-on dans l'entourage de Laeticia. Le 27 juillet 2018, il n'était pas présent à Saint-Barth pour l'anniversaire de sa filleule Joy, qui fêtait ses dix ans. Jean-Claude Darmon n'a pas répondu à nos sollicitations. Depuis, il se serait ravisé et serait de retour auprès de Laeticia.

5

L'HOMME SANS PÈRE

Que de mauvais souvenirs liés à son père, Léon Smet ! À sa naissance, ce dernier file pourtant le parfait amour avec Huguette, même s'il n'a pas encore divorcé de sa deuxième femme. Léon est un coureur, un buveur, un cavaleur, qui passe de conquête en conquête sans se soucier des conséquences. Danseur, chanteur, comédien, réalisateur, un temps à la tête d'une école d'art dramatique renommée à Bruxelles, il ne manque pas de talents. Seulement de constance.

Ça ne rate pas. À peine Jean-Philippe a-t-il poussé ses premiers cris que son père rechute, trouve d'autres bras accueillants. Incorrigible Léon, qui ne prend pas de gants lorsqu'il s'agit de larguer les amarres… Un jour qu'elle rentre chez elle, à Paris alors occupé par les Allemands, Huguette trouve son appartement vidé de ses meubles. Tous les tickets de rationnement ont disparu. Elle-même orpheline, elle obtiendra finalement de Léon qu'il signe un contrat de mariage et qu'il reconnaisse l'enfant. Jean-Philippe Léo Smet, né le 15 juin 1943 dans le IXe arrondissement de Paris, de Huguette Clerc, employée de crémerie, et de Léon Smet, artiste de cabaret. Et puis silence radio.

Le cimetière de Schaerbeek est sa dernière demeure, comme celle du peintre surréaliste René Magritte ou de l'explorateur Ernest François Cambier, qui construisit le premier chemin de fer au Congo, au XIXe siècle. La tombe de Léon Smet n'est qu'une dalle de granit gris, avec une croix en haut à gauche, et juste l'inscription « Léon Smet, 1908-1989 ». Rien de plus. Le 20 novembre 1989, Johnny franchit l'entrée de ce cimetière du nord-est de Bruxelles, une simple grille entourée de deux bâtiments de briques aux toits blancs. Devant lui, le cercueil où repose le corps de son père et, loin derrière lui, Adeline, la femme qui partage sa vie à cette époque, accompagnée de quelques gardes du corps. Ce jour-là, il met en terre un père octogénaire qu'il ne connaît pas, ou si peu. Voire qu'il a appris à détester. En suivant ce cercueil, Johnny est sans doute incapable de ne pas penser à tous les coups pendables que lui a joués Léon.

Tant de choses à pardonner

À vingt-trois ans, Jean-Philippe s'est déjà fait connaître sous le nom de Johnny Hallyday. Le rebelle est entré dans les rangs du 43e régiment d'infanterie de marine à Offenburg, en Allemagne. Le deal avec la Grande Muette est simple : il peut continuer à enregistrer pendant ses quinze mois de service mais, en échange, il arbore l'uniforme sur ses pochettes de disques. Comme Elvis avant lui. Johnny joue aussi à la guerre, au fil de petits films de propagande conservés aujourd'hui à l'ECPA (Établissement de communication et de production audiovisuelle de la Défense) dont le sergent Smet, béret de marsouin vissé sur la tête, est le héros.

Un jour, on lui annonce qu'il y a quelqu'un pour lui à l'entrée de la caserne. C'est son père, un nounours à la main, entouré de photographes. Un coup monté pour s'assurer un bon scoop. Un bon scoop pas cher, en plus. Pour jouer la comédie des retrouvailles, Léon a empoché 5 000 francs de l'époque, le prix du bonheur retrouvé. Il faut être aux abois pour accepter ça, n'avoir aucune estime de soi… Plus tard, Johnny a quand même essayé de se réconcilier avec ce père instable. Résultat : Léon a revendu les costumes achetés par son fils, puis mis le feu à l'appartement dans lequel il l'avait installé, pour retourner à la rue. Peine perdue, mais la leçon est retenue. On ne fait pas le bonheur des autres contre leur gré.

Pourtant, dans ce cimetière, Johnny pardonne à Léon. Malgré tout. La cinquantaine approchant, Hallyday commence à se connaître. Il se sait lui aussi capable de ces inconstances et de ces dérapages dont était coutumier son ivrogne de père. Toucher le fond, il connaît déjà ça par cœur. Et puis, mine de rien, Léon était un artiste comme son fils, même s'il a tout détruit, même s'il n'a jamais rien vraiment mené à son terme. Jean-Philippe, lui, est parvenu à créer de toutes pièces ce Johnny Hallyday, double devenu à force de volonté et de travail le roi du rock à la française. En aurait-il eu la force, s'il avait été élevé dans une famille « normale », avec Papa qui rentre du travail tandis que Maman prépare le dîner ? Il est persuadé que non. Hallyday est de ceux qui pensent que les plus jolies fleurs poussent dans le fumier, pas dans un jardin bien ordonné. C'est sans doute ce qui le conduira à avoir ces mots très durs vis-à-vis de son aîné, le Californien David : « Le problème de David, c'est ceux qu'il n'a pas eus. Il a été heureux. Moi, j'avais envie, j'avais faim. On ne peut pas être élevé dans le confort et avoir la rage au ventre[1]. » Des mots sévères et blessants mais certainement sincères, au vu de la tournure d'esprit de l'intéressé.

Considérant qu'il ne devait rien à personne, Hallyday se comporte parfois en dur, capable de jugements lapidaires sur son entourage, et plus particulièrement sur ses enfants. Mais Johnny est aussi un homme pétri de contradictions, qui a à plusieurs reprises avoué avoir durement souffert du complet désintérêt de son père vis-à-vis de ses réalisations, de ses succès, de sa personne. Tout en ne pouvant s'empêcher de reproduire ce schéma. Personne n'est à l'abri de l'atavisme. En mars 2014, il expliquera, en « johnny » dans le texte, à Frédéric Beigbeder : « J'ai toujours voulu pour mes enfants ne pas être ce que mon père a été pour moi. Bon, on ne fait pas toujours ce qu'on veut. Il a été abominable. J'ai pardonné, je comprends, mais je ne veux pas être ce qu'il a été[2]. » Hallyday y est-il parvenu, en fin de compte ? Pas sûr. Pas complètement, en tout cas.

---

1. Johnny Hallyday, Amanda Sthers, *Dans mes yeux*, Plon, 2013.
2. *Lui*, mars 2014.

Inventer sa vie

Dès ses premières années, Johnny y est quasi contraint. Très rapidement, sa mère Huguette, toute à ses activités de « mannequin cabine » – chargée de montrer les collections aux riches clientes en magasin –, le laisse aux bons soins de sa tante, Hélène Mar. La sœur de Léon, et la femme d'un certain Jacob Mar.

Un personnage, celui-là, d'ascendance à la fois allemande et éthiopienne. Né en 1881 en Éthiopie, il raconte y avoir croisé le chemin de Lawrence d'Arabie. De passage en Belgique, où il épouse Hélène en 1923, il y est consul honoraire d'Éthiopie à Bruxelles. Puis il s'installe à Paris. Pendant la guerre, il anime, sur Radio-Paris, la station de radio parisienne utilisée par les occupants allemands aux fins de propagande, une émission intitulée *Le Quart d'heure colonial.* Il profite de sa situation pour trouver un job à son beau-frère Léon, resté sur le carreau en raison de la fermeture des cabarets sous l'Occupation. Léon Smet travaille ainsi à partir de 1943 à la Fernsehsender Paris, la télé des Allemands, destinée aux blessés dans les hôpitaux. À la Libération, ça ne rate pas : Jacob Mar est arrêté le 28 mars 1945, enfermé à Fresnes, puis reconnu coupable de faits de collaboration en 1946. Verdict : cinq ans de prison, qu'il ne fera qu'en partie. Quant à Léon, il a pris le large. Il a quitté Paris, même si les anciens de cette télé allemande à Paris, restée confidentielle, ne seront jamais inquiétés. Johnny replonge dans ses souvenirs de cette époque. Des souvenirs douloureux : « Les gens disaient que si mon père nous avait abandonnés, c'est que c'était sûrement un collabo. En fait, c'est Jacob, le mari de ma tante, qui a eu des soucis de ce côté-là, personne n'était tout blanc en cette période, ils ont survécu sûrement avec lâcheté, comme beaucoup de Français, sans réaliser la portée de ce qu'ils ne faisaient pas. [...] On me pointait du doigt [...]. C'était la honte de la famille, il faut bien le dire[1]. »

Tandis que Jacob croupit à Fresnes dans l'indignité, sa femme Hélène, qui fut actrice au temps du cinéma muet, emmène Jean-Philippe et leurs deux filles Desta et Menen de l'autre côté de la Manche, à Londres. Un autre pays, une autre vie, déjà sur la route, à travers l'Angleterre. Ses cousines, de vingt ans ses aînées, officient comme danseuses classiques au sein de l'International Ballet, où Hélène est costumière. Avec Jean-Philippe encore bébé sous le bras, elles se baladent dans tout le pays, d'hôtels en pensions de famille, pendant trois bonnes années. La scène, le bruissement du public qui attend dans la salle que le spectacle commence, l'enfant connaît déjà ça par cœur alors qu'il sait tout juste marcher. Son père ? Loin, oublié, définitivement passé sous les radars. Sa mère ? Restée en France, où elle visite Jacob en prison. Sa tante Hélène ne lui en parle jamais, ne prononce même pas son prénom, comme si le sujet était tabou.

1. Johnny Hallyday, Amdan Sthers, *Dans mes yeux*, *op. cit.*

Halliday, avec un *i*

Le futur Johnny se prend à rêver, à inventer sa vie. Les circonstances s'y prêtent, tandis qu'ils vivotent sous la grisaille londonienne. Sur le même palier que leur chambre, dans un immeuble du quartier de Soho, Jean-Philippe croise pour la première fois de sa courte vie un authentique cow-boy. Il s'appelle Lee Lemoine Ketcham et il est né le 25 décembre 1927, dans l'Oklahoma. Il suffira d'un banal accident domestique – l'explosion d'un chauffe-eau – pour que le rapprochement s'opère. Hélène, Desta et Menen viennent à sa rescousse ; ils feront dès lors tous partie de la même tribu. Lee, dont le nom de scène est Lee Halliday, initie les cousines à la danse acrobatique, et ils se produisent bientôt en trio. Et, surtout, Lee épouse Desta. Seule figure masculine dans ce gynécée où il évolue, le cousin d'Amérique devient pour Johnny un modèle. Un père ? Presque, il en conviendra lui-même.

Ce n'est pas pour rien que, plus tard, il racontera à ses débuts que son père était américain, qu'il a été élevé dans un ranch... On n'en est pas encore là. Pour l'instant, il est temps de rentrer en France car l'aventure anglaise s'achève. Le trio, baptisé « les Hallidays », tourne ensuite dans toute l'Europe, avec dans ses bagages celui que Lee surnomme désormais « Johnny ». Sa tante Hélène mise sur le garçon, lui payant des cours de guitare, de chant, de solfège. Elle croit en son potentiel. À l'entracte, il passe parmi les spectateurs pour vendre le programme, et monte sur scène dès l'âge de dix ans. Déjà, il se présente sous le nom de « Johnny Halliday ». Avec un *i*, pour l'instant. Et pour finir, cette famille d'élection se fixe à Paris, du côté du square de la Trinité, au 13 rue de la Tour-des-Dames. Les Hallidays vont se produire dans les cabarets de Pigalle.

Johnny a toujours aimé ce quartier. Entre la butte Montmartre et l'opéra Garnier, la gare Saint-Lazare et la gare du Nord, il y a acquis le peu de repères de son enfance nomade, sans cesse trimballé au gré des engagements professionnels de sa tante et de ses cousines. Né à la clinique Marie-Louise, au 3 cité Malesherbes, il a d'ailleurs passé les premiers mois de sa vie rue Clauzel, pas loin de la place Saint-Georges. La première fois qu'il a vu Marlon Brando sur grand écran ? C'était dans *Sur les quais*, à l'Atomic Pigalle, au 10 de la place Clichy, aujourd'hui remplacé par un restaurant McDonald's. C'est là aussi qu'il a vu pour la première Elvis Presley au cinéma, dans *Loving You* (*Amour frénétique* en version française), en 1958.

Une séance décisive, et pas seulement pour Jean-Philippe Smet. Du côté de Nice, un certain Hervé Forneri, lui aussi dingue de rock, se rebaptisera durant ces années-là « Dick Rivers », presque comme le personnage d'Elvis Presley dans le film, qui répondait au nom de Deke Rivers.

La Sainte Trinité

Retour à Paris IXe, du côté du square de la Trinité. Un square, ça ? Plutôt une aire d'autoroute en plein cœur de l'arrondissement, bordée à l'ouest par la rue de Clichy, à l'est par la rue Blanche, et au sud par les rues de Châteaudun et Saint-Lazare. Un cauchemar pour les oreilles, peut-être même le coin de Paris le plus abîmé par le vacarme des voitures. Communément désigné par les Parisiens comme le « square de la Trinité » – alors qu'il se nomme depuis la Libération « square Estienne-d'Orves » –, cet espace supposé vert a vu éclore Johnny Hallyday, pile entre le popu et le chic, les sex-shops de Pigalle et la musique d'Olivier Messiaen, organiste titulaire des orgues de la Trinité durant des décennies. Mais aussi Eddy Mitchell et Jacques Dutronc, qui eux aussi ont vu au cinéma cet *Amour frénétique* avec Elvis. Tous les trois, ils ont traîné devant l'église de la Trinité, avec ses trois fontaines à triple vasque, ses trois pelouses, et ses trois statues représentant respectivement la Foi, l'Espérance et la Charité. Près de soixante ans plus tard, à eux de se reconnaître dans chacune de ces vertus…

Celui qui s'y est fait le plus vite remarquer, dès la fin des années cinquante ? Johnny. Grand gars à la beauté insolente, Jean-Philippe Smet attire déjà tous les regards, suscite l'envie des autres ados. Excusez du peu : non seulement il a déjà fait du cinéma, tout gamin, à l'occasion d'une apparition dans *Les Diaboliques* d'Henri-Georges Clouzot, mais il s'est baladé partout en Europe avec son oncle Lee Halliday. Grâce à celui-ci, qui se les fait expédier des États-Unis, il a chez lui les tout derniers 45 tours – Bill Haley, Elvis Presley, Fats Domino… – d'une musique encore rare en France. Johnny est une légende locale, déjà une star mais pour l'instant seulement dans sa rue. Dès qu'il le peut, il va chercher à la sortie de l'école son pote Hadi Kalafate, dont le meilleur ami s'appelle

Jacques Dutronc. Direction le square de la Trinité, pour discuter musique, ciné et filles. Ils y retrouvent Jean-Pierre Huster (frère de l'acteur Francis), mais aussi Christian Blondieau, alias « Long Chris », futur parolier et futur beau-père de Hallyday dont Johnny épousera, en 1990, la fille Adeline. De dangereux voyous ? « Nous étions des faux voyous, tempérera plus tard Johnny devant le journaliste Yann Plougastel. On portait des blousons noirs, on se baladait avec des chaînes de vélo dans les poches. On essayait de se battre, mais on prenait généralement des dérouillées. Et puis, on jouait les durs dans notre quartier. Il y en avait un parmi nous qui perdait toujours ses lunettes, et puis qui ne savait plus où il se trouvait tant il était myope. C'était Jacques Dutronc. »

Claude Moine, le futur Eddy Mitchell, n'habite pas dans le quartier. Natif de Belleville, ce dingue de rock et de westerns est alors coursier pour le Crédit lyonnais. Il a déjà croisé Dutronc chez un disquaire de la Chaussée-d'Antin. Entre Johnny et Eddy, tout a commencé par une engueulade. L'anecdote est célèbre : le premier a tenté de lui dérober quelques précieux vinyles lors d'une soirée dans un appartement place de la Trinité. Finalement, Jean-Philippe invite Claude chez lui, rue de la Tour-des-Dames, pour écouter un peu de musique. Souvenirs de Mitchell, auprès de l'homme de radio Didier Varrod : « Il m'avait dit : "Tu verras, j'ai des partoches qui viennent des États-Unis !" Et, détail qui m'avait frappé, je me souviens qu'à l'époque sa grand-mère me regardait d'un air suspicieux. Elle lui avait dit : "Méfie-toi, celui-là, il veut chanter." Notre amitié a commencé là. » Ni une ni deux, Claude Moine entre dans la bande, rapidement surnommé « Schmoll » à cause, justement, de sa propension à appeler *small* (« petit », en anglais) tous ceux qu'il croise du haut de sa grande taille.

La bande est au complet, et Jean-Philippe Smet tire le premier avec son 45 tours « T'aimer follement », signé Johnny Hallyday. Progressivement, la bande de la Trinité devient celle du Golf-Drouot, une salle de concerts qui accueille tous les aspirants rockeurs, située rue Drouot, toujours dans le IXe, au-dessus du Café d'Angleterre – aujourd'hui également transformé en fast-food. Claude Moine y devient Eddy Mitchell et les Chaussettes noires. Dutronc, lui, retarde l'échéance. Il se contente du rôle de guitariste puis de directeur artistique avant de se décider à chanter. Mais c'est encore une autre histoire.

Cris et gesticulations

C'est là-bas que Johnny devient Johnny, pour de bon. « T'aimer follement », sorti en mars 1960, sur lequel il s'est rebaptisé Hallyday avec un *y*, ne marche pas tout de suite. Les radios n'en veulent pas. Pas encore, mais ça viendra très vite, seulement quelques mois plus tard, avec le formidable succès de « Souvenirs, souvenirs ».

Hallyday décide bientôt de quitter l'appartement d'Hélène Mar, rue de la Tour-des-Dames. En à peine deux ans de carrière, il a vendu plus d'un million huit cent mille disques et enregistré trente-six chansons. Il est temps de s'émanciper, d'autant que tout cela pourrait ne pas durer. Alors Johnny claque son argent en voitures, en sorties, en fringues. Il s'installe tout d'abord à l'hôtel, puis chez des copains, puis chez d'autres copains. Pour lui, la vie, la vraie, va commencer. Une tout autre vie. Vu à la télé, entendu à la radio, Johnny ne peut plus se balader tranquillement dans la rue, ni même traîner au square de la Trinité.

D'autant qu'il est à la pointe, avec sa musique venue des États-Unis. Comme souvent les mouvements artistiques innovants et spontanés, le rock'n'roll, au début des années soixante, est en France raillé, ostracisé. Dès 1956, la triplette constituée par Boris Vian, Michel Legrand et Henri Salvador s'en est moquée, sous le nom de « Henry Cording and his Original Rock and Roll Boys », qui publie un disque parodique présentant ce style musical comme destiné aux débiles légers.

Hallyday n'en a cure. Déjà, quand il assurait les interludes en reprenant du Elvis Presley lors des spectacles de ses cousines Desta et Menen, il a essuyé les lazzis et les quolibets du public. Quant à la presse, elle oscille entre amusement, embarras et consternation, qualifiant de « cris » et de « gesticulations » le style d'Hallyday et consorts. Mais tout est réuni pour que le rock'n'roll s'impose, entre la défiance des autorités culturelles comme de ses relais officiels et, surtout, la méfiance et l'incompréhension des parents face à un phénomène qui les dépasse. Les mêmes ingrédients, en fait, que l'on retrouvera dans les années 1990 avec l'émergence du hip-hop français.

Hallyday est confronté aux mêmes soucis qu'auront bien plus tard les rappeurs. Son public ? Turbulent, très turbulent. Autant de jeunes gens qualifiés de « blousons noirs », qui eux aussi ont été fascinés par James Dean dans *La Fureur de vivre* et Marlon Brando en motard dans *L'Équipée sauvage*, se reconnaissant ensuite dans le rock'n'roll à la française de Johnny et Eddy. Et celui de Vince Taylor, un Londonien bardé de chaînes et sanglé de cuir qui fait carrière en France en ces années-là.

Lorsque Johnny se produit sur scène, les débordements sont nombreux et l'autorité vacille. Le « Premier festival de rock international » de Paris, le 24 février 1961 où il partage l'affiche avec les Chaussettes noires d'Eddy Mitchell, Frankie Jordan ou encore ce même Vince Taylor ? Il se termine en quasi-émeute dans le quartier, avec trois rames de métro saccagées et quarante-neuf arrestations. Lors de sa tournée, cette année-là, plusieurs villes refusent de le recevoir (Biarritz, Bayonne, Cannes, Strasbourg…), craignant les mêmes violences.

Johnny sait déjà ce qui plaît. Sur scène, pendant sa chanson « La bagarre », il se met en scène avec des cascadeurs, comme s'il était agressé par des voyous. Parfois, le public monte à ses côtés pour le défendre ! Tout est bien rodé, Hallyday connaît d'instinct son public. Son succès et ses ventes de disques grimpent. Charles Aznavour l'adoube en lui écrivant « Retiens la nuit », le tube de l'année 1962, et lui prodigue quelques précieux conseils : alterner sur scène chansons rythmées et ballades sentimentales pour élargir son public, et rectifier le tir sur ses premières déclarations à la presse, quand il affirmait avoir grandi aux États-Unis. Le public ne lui tient pas rigueur de ce petit arrangement avec la vérité, et il chante la même année pour la première fois «L'idole des jeunes» à l'Olympia.

Johnny et Sylvie, une légende pop

Le 22 juin 1963, Hallyday vient de fêter ses vingt ans. Il arrive de Camargue, où il a tourné *D'où viens-tu Johnny?* Il est déjà au bras de Sylvie Vartan. Incontestablement, ils sont le couple le plus en vue de France, resplendissant de blondeur, de jeunesse et de fraîcheur. Pour l'heure, ils sont assis à l'arrière d'un fourgon de police, qui se fraie un chemin entre l'avenue Daumesnil et la place de la Nation, dans le XIIe arrondissement de Paris. Pas le choix, tant la foule est dense pour assister à ce concert gratuit organisé par le magazine *Salut les copains!* qui fête son premier anniversaire. Sur cette place de l'est parisien, la préfecture attendait 30000 fans. Au bout du compte, au moins 150000 personnes venues de partout s'y bousculent. L'ambiance est chaotique, hystérique. Les gamins sont perchés dans les arbres, sur les lampadaires, les toits des voitures, et même ceux des immeubles. Au programme, outre Johnny et Sylvie, Richard Anthony, Frank Alamo, Danyel Gérard, les Chats sauvages, ou encore les Chaussettes noires. Les loubards venus pour en découdre sont au rendez-vous, ça ne tarde pas à dégénérer. Pour les forces de l'ordre, débordées, le bilan est catastrophique: vitrines cassées, voitures détruites… Dans les jours qui suivent, la France est sous le choc, du général de Gaulle qui conseille à la jeunesse d'utiliser son énergie à construire des autoroutes, au philosophe et sociologue Edgar Morin qui invente dans les colonnes du *Monde* l'expression « yé-yé ». Fini les ricanements : désormais, la jeunesse existe, et son porte-voix s'appelle Johnny Hallyday.

Johnny et Sylvie ? Une légende pop française. Un couple, marié ou divorcé, emblématique des années 1960 et 1970, qui a accompagné les Français durant près de cinquante ans. Même leur rencontre, quelques mois avant ce mémorable concert de la Nation, fait partie du mythe. Aux premières loges de ce véritable coup de foudre, l'auteur-compositeur-interprète Jean-Jacques Debout, même s'il n'était pas présent dans les coulisses de l'Olympia à Paris lorsqu'ils se sont croisés pour la première fois, en janvier 1962, lors d'un concert de Vince Taylor. Déjà, Hallyday avait été séduit, mais ce n'était pas allé plus loin.

Jean-Jacques Debout était amoureux de Sylvie. « Je la voyais beaucoup à l'époque. Tous les jours, même. J'habitais à Saint-Mandé, alors je passais souvent chez elle, du côté de la porte Dorée, dans l'est de Paris. Je lui écrivais des chansons, des tubes comme "Tous mes copains". C'était une jolie histoire, entre jeunes gens. » Sylvie est âgée de dix-huit ans, Debout en a vingt-deux. Hallyday propose à Jean-Jacques Debout d'assurer les premières parties de sa tournée. À Marseille, ils sont à l'affiche du Gymnase. Sylvie Vartan est également dans la région, en tournée avec Gilbert Bécaud, pas très loin, à Aix-en-Provence. Elle les rejoint pour la soirée. Le directeur de l'hôtel marseillais où ils sont descendus leur propose d'aller à l'inauguration de la pizzeria de son gendre. Johnny monte prendre sa douche, Jean-Jacques et Sylvie l'attendent dans le hall. Une fois arrivés à la pizzeria, Johnny s'assied à côté d'elle, sur une banquette. « Ils se regardent, et je me suis demandé ce que je faisais là. Johnny ne répondait même pas aux questions de Lee Halliday, ils étaient ailleurs. Pour ma part, j'avais envie de disparaître… »

Ils décident ensuite d'aller à pied en boîte de nuit, au Whisky à Gogo, non loin de là. À l'intérieur, Johnny et Sylvie s'installent au bar, commandent du champagne. « Ils semblaient avoir complètement oublié ceux qui étaient autour d'eux ! Je suis parti, sans dire au revoir à personne. » Jean-Jacques Debout monte dans sa voiture à 2 heures du matin et roule toute la nuit, direction Paris. « J'ai refusé de revenir sur la tournée, et Sylvie m'a finalement remplacé. Trois jours plus tard, le quotidien *France-Soir* faisait sa une sur eux, les annonçant en couple. »

Pendant un an et demi, ils ne se sont plus vus. Un soir, Jean-Jacques Debout est à Paris, au New Jimmy's, tenu par Régine. À sa table, Françoise Sagan, Juliette Gréco ou encore Jacques Chazot. La porte s'ouvre, Johnny et Sylvie entrent dans l'établissement du boulevard Montparnasse. Hallyday se précipite alors sur Jean-Jacques Debout. « Il m'a dit : "J'espère que c'est fini, que ta colère est passée." Puis il m'a pris par l'épaule, et nous nous sommes réconciliés autour d'un verre. » Jean-Jacques Debout continuera d'écrire et de composer pour Sylvie. « J'avais demandé à Johnny si je pouvais, il était OK. » À cette dernière, il offrira même en 1967 « Comme un garçon », certainement son plus grand succès.

Entre-temps, Jean-Jacques Debout se consolera dans les bras de Chantal Goya, qu'il épousera le 25 janvier 1966. Un an plus tôt, le 12 avril 1965, Johnny Hallyday et Sylvie Vartan se marient à Loconville, dans l'Oise. Une vraie foire d'empoigne : 200 photographes et cameramen et 1 500 fans se sont donné rendez-vous, alertés par la presse et les radios. Si, dans l'église, les parents de Sylvie comme Hélène, Desta et Lee Halliday sont présents, les parents biologiques de Johnny, Léon et Huguette, n'ont pas été conviés. Hallyday concédera des regrets, concernant cette dernière : « J'aurais dû avoir le courage d'imposer ma vraie mère. Elle méritait de venir au mariage de son fils. Mais tout le monde, ou presque, était contre. On lui en voulait de m'avoir "abandonné" jadis. J'ai cédé, lâchement, à diverses pressions[1]. » Une fois marié, Johnny retourne à la caserne. Toujours sous les drapeaux, il n'était qu'en permission à cette occasion.

Le retour à la vie civile, le 28 août 1965, ne se fait pas sans heurts. Johnny va rebondir, mais seulement après avoir touché le fond.

Cirque Medrano

En son absence, le public a changé, de nouveaux visages sont apparus. Cet Antoine, par exemple, avec ses allures de hippie, qui chante en 1966 dans ses « Élucubrations » qu'il aimerait bien voir « Johnny Hallyday en cage à Medrano ». Medrano, comme le grand cirque du boulevard de Rochechouart, avec ses

1. In Johnny Hallyday, Gilles Lhote, *Destroy*, Michel Lafon, 2018.

clowns, ses zèbres et ses acrobates. Piqué au vif, Hallyday répond avec « Cheveux longs, idées courtes », qui le relance, un temps seulement. Il n'empêche : les salles ne sont pas pleines, il a déjà les impôts sur le dos, et il court le cachet pour se renflouer. Johnny est épuisé et, surtout, ça ne va pas fort avec Sylvie. Alors qu'il revenait de Londres où il enregistrait, elle lui fait part, par voie d'avocat, qu'elle souhaite divorcer. Elle vient de donner naissance à David, le 15 août 1966, et n'en peut plus de ses absences, de sa vie nocturne. Pour Hallyday, c'en est trop. Le 10 septembre, il tente de se suicider dans son appartement de Neuilly-sur-Seine. Inquiets de le voir aussi longtemps enfermé dans sa salle de bains, son secrétaire Ticky Holgado et son attaché de presse Gil Paquet forcent la porte. Ils le trouvent à terre, inanimé, les poignets tailladés. Le lendemain, il devait se produire à la fête de l'Humanité.

Roublards, ses agents jouent à fond la surmédiatisation de l'événement : photos de Johnny sur son lit de l'hôpital Lariboisière, à Paris, devant lequel les fans affluent, et une interview de Johnny alors qu'il se repose, quelques jours plus tard, dans une clinique privée de Montlhéry. Il y explique en substance que sa vie est foutue, que le percepteur lui prend tout son argent, qu'il ne verra plus son fils David, qu'il ne retrouvera jamais Sylvie... En coulisses, on s'active pour monétiser cet énorme coup de projecteur sur Hallyday. Il faut sortir un disque, très vite. Ses équipes vont alors piocher dans les titres enregistrés quelques semaines plus tôt à Londres. Une chanson s'impose rapidement, et elle est de circonstance : « Noir c'est noir», adapté du «Black is Black» du groupe espagnol Los Bravos. Dès le 5 octobre, Johnny présente ce futur classique de son répertoire à la télévision, dans *Tilt*, une émission animée, déjà, par Michel Drucker. Le succès est au rendez-vous, la carrière d'Hallyday peut redémarrer.

Sylvie ? Avec elle tout s'arrange, ou presque. Au printemps de l'année suivante, ils occupent ensemble pendant plus de trois mois la scène de l'Olympia. En 1973, ils chantent en duo «J'ai un problème» et, dans le cœur des baby-boomers biberonnés au rock et à la variété, le mythe est en marche. Même après leur divorce, qui ne sera prononcé qu'en 1980, Johnny et Sylvie semblent unis pour la vie aux yeux du public, tant ils ont marqué leur époque. C'est en partie la raison pour laquelle le public a pris sans peine et presque instinctivement parti pour cette dernière et son fils, plutôt que pour Laeticia. Pourtant, Laeticia a été mariée avec Johnny pendant plus de vingt ans, contre quinze pour Sylvie.

Rien n'y fait : Johnny et Sylvie, c'est pour la vie. Sylvie Vartan ne manquera jamais de le répéter, surtout après la mort de Johnny.

6

Les aînés

Lorsque Hallyday apprend qu'il est papa d'un petit David, le 14 août 1966, il est déjà tard. Johnny sort de scène, à une cinquantaine de kilomètres de Milan, en Italie. Une bonne partie de la nuit, il fête alors l'événement avec ses musiciens. Aux premières lueurs du lendemain matin, il saute dans un avion. Direction Boulogne-Billancourt, à l'ouest de Paris, où Sylvie Vartan a accouché. Encore fatigué de la veille, il descend sur la piste, saute dans une voiture de sport et passe bientôt la porte de la clinique Belvédère. Chemise rayée et pull sur les épaules, en sortant de la chambre il bafouille quelques mots aux cameramen et journalistes qui l'attendent: « Sylvie va bien. Elle est très fatiguée, elle dort pour l'instant mais elle va bien. » De son propre aveu, l'accouchement a été « assez difficile », « pénible » même. Quant à l'enfant: « Il se porte bien, c'est le plus fort de tous. Il pèse 2,950 kilos. » La première rencontre avec son fils est brève. Il n'a pas de temps à perdre. Dans la foulée, il monte dans un autre avion, qui l'emmène à Venise, où il doit chanter. Ce 15 août 1966, sa femme, la mère de son fils, fête ses vingt-deux ans. Mais Johnny est déjà reparti pour l'Italie, il n'a fait que passer.

Un père absent

Tous les pères sont absents, et certains plus que d'autres. Entre Johnny et David, il y a toujours eu de la distance – et pas seulement physique. Le fils a passé beaucoup de temps seul avec sa maman Sylvie, tandis que le père allait par monts et par vaux. À croire qu'ils ne se connaissent pas, ou à peine. De l'époque où ils habitaient villa Montmorency, à Paris, David avoue ne se souvenir que des « bruits de pas dans le couloir » de son père quand il rentrait à la maison, très tard dans la nuit. Au plus fort de la crise, en février 2018, le camp de sa belle-mère Laeticia lui jettera cette même maison au visage, pour appuyer l'idée qu'il aurait déjà reçu sa part d'héritage, documents transmis à la presse à l'appui.

Sa mère s'empresse alors de voler à son secours, le 16 février : « Je suis consternée par les fausses informations qui circulent à dessein insinuant que mon fils David aurait été gratifié d'une partie de la maison que nous avions achetée à Paris avec son père il y a plus de trente ans. Lors de notre séparation après dix-huit ans de vie commune, j'ai purement et simplement refusé de recevoir de Johnny, sous forme de donation, sa part de la maison, préférant que cela revienne directement à notre unique fils. C'est d'ailleurs ce qu'indiquait très clairement notre jugement de divorce. » La même maison des quartiers chics de

Paris est estimée aujourd'hui à 10 millions d'euros. À l'époque, elle en valait 4, dont 2 qui sont donc revenus à David. Une somme. Il n'empêche, « pas touche » à David.

Les dix-huit ans de vie commune entre son père et sa mère n'ont pas été de tout repos. Son père a trompé sa mère, il le sait. Il y a eu, au début des années 1970, cette Nanette Workman, avec qui il s'affichait alors qu'il était en tournée. Depuis que sa série de concerts a commencé, à l'été 1972, la presse est pleine de photos de Johnny en compagnie de la chanteuse qui assure ses premières parties. Nanette Workman n'est pas n'importe qui. Choriste des Rolling Stones à la fin des années soixante, notamment sur les tubes « Honky Tonk Women » et « You Can't Always Get What You Want », elle a aussi travaillé avec John Lennon et Elton John. « J'ai utilisé tous les trucs possibles pour le séduire, avouera Nanette dans son autobiographie, *Rock'n'Romance.* Je voulais cet homme et il n'y avait rien ni personne au monde qui pouvait m'empêcher de lui mettre le grappin dessus ! » Au Québec, où la jeune femme réside, la presse titre en une « Johnny abandonne Sylvie pour notre Nanette », alors qu'en France le couple s'affiche en couverture. Ils ne sont pas très discrets, et leur relation est toxique. « Je pressentais qu'elle était mon double féminin. Elle ne vivait que pour la musique, brûlait son existence, et menait une vie aussi folle que la mienne. Puis je l'ai engagée pour me suivre en tournée. Et là tout a basculé. Nous sommes devenus amants et rivaux. Personne ne voulait lâcher. J'aurais dû stopper cette aventure suicidaire depuis longtemps[1]. » À la fin de la tournée, il prend la fuite et part en cure de désintoxication dans une clinique suisse.

Cette année-là, David avait six ans. À cet âge, on comprend déjà que quelque chose ne va pas entre son papa et sa maman. Finalement, Sylvie pardonne à Johnny, mais à certaines conditions. Très vite, le garçon est un habitué des vols entre Paris et Los Angeles, où sa mère passe le plus clair de son temps. En 1975, Johnny et Sylvie s'y installent en partie. Surtout Sylvie. Officiellement, ils décident d'élever David en Californie d'un commun accord. Johnny ne fait qu'y passer.

Déjà, David pratique la guitare, la batterie, le piano. Le gamin a de l'oreille. Le 26 novembre 1979, son père le fait monter sur la scène du Pavillon de Paris. Il n'a que treize ans.

« Je ne suis pas lui »

Finalement, sa mère, Sylvie Vartan, baisse les bras. Trop de chaos, d'absences, d'infidélités de la part de Johnny. Longtemps, elle a cru qu'il se stabiliserait, grandirait, cesserait de se comporter comme un éternel adolescent inconscient. Rien n'y fait, Johnny reste Johnny.

Ça ne marche plus, et le couple divorce officiellement le 5 novembre 1980. Sylvie s'installe pour de bon en Californie avec son fils, s'enracinant un peu plus à Los Angeles en se mariant en 1984 avec le

1. Johnny Hallyday, Gilles Lhote, *Destroy*, *op. cit.*

producteur Tony Scotti. David grandit là-bas, comme un petit Américain. Il monte ses premiers groupes de rock. Le garçon est solitaire, ne se mélange pas. Rapidement, il trouve refuge dans la musique. Déjà, il veut en faire son métier. Sa sensibilité l'y pousse. Grâce à l'appui de son beau-père, sa carrière est lancée en 1987 avec le single « He's My Girl », puis « High », qui pointent au Top 50. Les fans de Johnny font encore la fine bouche, cependant : ils aiment le rock, mais le rock chanté en français.

Le fils compose pour le père sur l'album *Cadillac*, écrit par Étienne Roda-Gil. En 1988, leur chanson « Mirador » se vend bien, culminant à la troisième place des classements. L'essai n'est pas transformé ; enfin, pas tout de suite. Durant les années 1990, David Hallyday est surtout en France le mari du top model Estelle Lefébure. Peu lui importe. Il continue de tourner et de chanter en anglais, au sein des groupes Blind Fish et Novacaine, recueillant de jolis succès aux États-Unis. Mais son travail ne suscite qu'une indifférence polie de ce côté-ci de l'Atlantique. Ça ne le dérange pas. Installé en Californie, David est très loin de la folie qui entoure son père, il n'en perçoit que des échos lointains. Il explique : « Mon père est un bosseur, et ce qu'il fait de sa vie le regarde. Ses fans aiment tout savoir, il est très heureux ainsi. Je ne suis pas comme lui. Tout simplement parce que je ne suis pas lui. Je suis d'abord un compositeur, un métier qui s'exerce dans une bulle[1]. »

1. *Gala*, 24 novembre 2016.

Sang pour sang

Autour de sa belle-mère Laeticia, on n'hésite pas à affirmer que David Hallyday n'a fait « que signer les chansons » de *Sang pour sang*, qu'il ne les a « pas composées ». Tous ceux qui ont participé à l'enregistrement de cet album sorti en septembre 1999 sont pourtant formels : toutes les chansons, apportées sous forme de maquettes enregistrées sur une cassette, sont de David et de personne d'autre.

Le contexte était particulier. En 1998, un an avant la sortie de *Sang pour sang*, Hallyday a déjà renoué avec le succès commercial. L'album *Ce que je sais*, composé par Pascal Obispo, qui contient le tube « Allumer le feu », a atteint le million d'exemplaires vendus, et Johnny est en train de se racheter une image. Une image pensée, travaillée à long terme. « Nous nous demandions comment rectifier la perception de Johnny par le public, donner du sens à son parcours », explique un ex-membre de ses équipes chez Universal, sa maison de disques jusqu'en 2008. Le challenge est d'importance. Johnny coûte très cher à Universal, qui lui paye depuis le milieu des années 1990 ses maisons, lui sert de banque, éponge peu à peu ses dettes avec le fisc en bloquant la moitié de ses revenus. Ce n'est pas encore gagné. Le gouffre est encore abyssal. Hallyday rapporte beaucoup mais coûte très cher, il ne faut pas se louper.

Pour amorcer le succès commercial de *Ce que je sais*, le premier étage de la fusée consiste en une interview. Dans *Le Monde* du 7 janvier 1998, le quotidien du soir à l'austérité proverbiale consacrait une double page au chanteur, intitulée « Les confessions de Johnny ». L'intervieweur est l'écrivain Daniel Rondeau. Assis au bar de l'hôtel Raphaël à Paris, ils évoquent ensemble les grands disparus du rock (« Il ne reste que Mick Jagger et moi »...), son père, alcoolique, et la cocaïne : « J'en prends pour travailler, pour relancer la machine, pour tenir le coup. Je ne suis pas le seul d'ailleurs. La poudre et le hasch circulent à mort chez les musiciens. Il n'y a pas à s'en vanter, je n'en suis pas fier. »

L'entretien, volontairement provocateur, produit l'effet escompté. Si l'on se scandalise qu'un artiste de son envergure avoue consommer des substances prohibées, Hallyday est remis à sa place, la première. Et la curiosité sur sa personne est relancée. Le public est prêt pour la suite, il faut battre le fer tant qu'il est chaud. Autour de la table, la directrice artistique Catherine Molko, le patron d'Universal Pascal Nègre, ou encore Pascal Obispo. Objet de la réunion : qui va composer le prochain album de Johnny ? Ils se mettent finalement d'accord sur un nom, celui de David Hallyday. Quelque temps auparavant, son père est arrivé avec l'une de ses compositions, qui accompagnait un texte de Françoise Sagan. Convaincant. La maison de disques lui passe un coup de fil, et David pose ses conditions : il faut que ce soit la volonté de Johnny. Ce dernier décroche alors son téléphone et appelle son fils. Celui-ci accepte, seulement s'il a carte blanche. Pour la première fois, le père et le fils travaillent ensemble, se voient tous les jours. La crème des auteurs a été convoquée : Zazie, forte du récent succès de « Allumer le feu » ; pour la première fois, Christophe Miossec ; le romancier Vincent Ravalec ; Pierre Grillet, qui a travaillé avec Bashung ; Lionel Florence, le complice de Pascal Obispo. Mais aussi de vieilles connaissances de Johnny, comme Philippe Labro et Michel Mallory, celui qui a signé « La musique que j'aime ».

De plus, Sylvie Vartan a une idée de titre pour l'album, *Sang pour sang*. Interprétée en duo par David et Johnny, cette chanson traite de retrouvailles entre un père et son fils. Elle est écrite par Éric Chemouny, avec qui travaille David pour son propre album. Il trouvera les mots justes : « Au-delà de nos différences / Des coups de gueule, des coups de sang / À force d'échanger nos silences / Maintenant qu'on est face à face / On se ressemble sang pour sang… » Le succès est fulgurant, 2 millions d'albums vont se vendre, un record pour le chanteur. Un an plus tard, il chante sous la tour Eiffel devant plus de 500 000 spectateurs, à la fois pour fêter l'an 2000 et ses quarante ans de carrière. David Hallyday le jouisseur s'offre alors un hélicoptère, l'argent coule à flots, le soldat Johnny est sauvé.

David vit aujourd'hui à Londres, avec ses filles Ilona et Emma, nées de son mariage avec Estelle. La première, âgée de vingt-trois ans, y étudie l'architecture d'intérieur et s'essaie à la comédie. Sa cadette, vingt et un ans, est dans le cinéma, les sociétés de production, et apprend la comédie. David Hallyday a refait sa vie dans la capitale britannique depuis son mariage en 2004 avec Alexandra Pastor. Ensemble, ils ont un fils, Cameron, né la même année. David déclare, à propos de son fils : « Quand je fais des activités avec lui, c'est toujours très fort. Notre relation est presque animale. En y repensant, je me dis que c'est peut-être la raison pour laquelle cela a si bien fonctionné quand j'ai collaboré avec lui pour l'album *Sang pour sang.* Je pense que le public a perçu et aimé la consanguinité de notre travail[1]. »

Blessures

David se sent bien à Londres. Américain jusqu'au bout des ongles, il est plus à l'aise dans les pays anglo-saxons. Il réside aussi de temps à autre au Portugal, la destination prisée des riches Européens. Il n'a pas de soucis d'argent, entre la fortune et le patrimoine de sa mère, Sylvie Vartan, et ceux de sa femme. Son beau-père, Michel Pastor, mort en 2014 et qui a également dirigé le club de foot monégasque, est l'héritier d'un empire immobilier. Il était également un grand collectionneur d'art. Sa belle-famille serait en possession d'un tiers des logements monégasques, à la tête d'une fortune estimée à 30 milliards d'euros…

Non, David Hallyday n'a pas besoin d'argent. Son père, Johnny, déclarera à ce sujet : « David je l'aime, je l'adore, c'est mon fils, mon unique fils ! Oui, il a eu la chance de naître dans une famille où il n'avait pas besoin de ramer pour bouffer le soir. Je ne mens pas, je ne réécris pas l'histoire, je dis juste les choses comme elles sont, ce n'est pas méchant. Je ne nie pas son talent, le fait qu'il soit un musicien extraordinaire. David m'a écrit le disque qui s'est le

1. *Gala*, 24 novembre 2016.

plus vendu dans ma carrière. Si je ne reconnaissais pas tout cela, je serais un abruti[1] ! »

Dès le début de l'affaire, David s'est d'ailleurs placé sur le terrain artistique, uniquement artistique. Il justifiait sa demande de droit de regard sur son œuvre tout simplement parce que, jusqu'ici, Johnny lui avait fait écouter ses albums avant qu'ils ne sortent. Il n'en a pas eu le droit, la justice en a décidé autrement.

Sur scène, lors de sa tournée de l'été 2018, il reprenait « Sang pour sang » et « J'ai oublié de vivre », deux titres de son père. Si David avait déjà chanté la première en live avec son père, il ne s'était jamais attaqué à la seconde. « C'est l'une de mes chansons préférées de lui. Je l'ai toujours adorée. Et d'autant plus que c'est l'inverse de sa vraie vie. Car il n'a jamais oublié de vivre. Il a bien vécu, je crois[2]. »

David a lui aussi écrit après la mort de son père une chanson encore inédite, intitulée « Ma lettre », qu'il chante sur scène : une lettre imaginaire dans laquelle son père s'adresse à lui. Pour une fois. Les blessures d'enfance ne se referment pas si facilement…

La naissance de Laura

Le 15 novembre 1983, devant l'hôpital américain de Neuilly. Cigarette aux lèvres, Johnny explique au cameramen et aux journalistes postés devant le bâtiment que Nathalie Baye et leur fille Laura vont bien, qu'elles se sont endormies. Lui, il file au restaurant

1. *Paris Match*, 13 juin 2013.
2. *Le Parisien*, 17 mars 2018.

La Tour d'Argent, juste en face de Notre-Dame, pour célébrer l'événement entre hommes, en compagnie de Jean-Paul Belmondo, Mort Shuman, son garde du corps Alan Coriolan et son producteur Jean-Claude Camus. Les toasts pour Laura s'enchaînent et, une tournée des clubs plus tard, Johnny rentre chez lui à 7 heures du matin. Bref, l'événement a été dignement fêté. Façon Johnny.

Nathalie Baye a pourtant connu un autre Johnny. Lorsqu'ils séjournaient dans leur maison de Vallière, dans la Creuse, Hallyday était transformé. Il joue le jeu d'un homme à la campagne alors que ce n'est pas du tout le cas. Il va chercher du bois, il n'est pas très adroit. Il va à la pêche, aussi. Le soir, il prend de la tisane, pour faire plaisir à Nathalie. Il joue de la guitare sèche.

Le dimanche matin, Johnny va au marché du village. Une fois ses cigarettes achetées chez Gaby, le bar-tabac du coin, direction la boucherie. Dans l'arrière-boutique, Johnny se prépare un café, en attendant l'apéro. Et si Nathalie cherche à le joindre, parce qu'il est déjà tard et qu'il faut passer à table, elle appelle directement là-bas. En sortant, Johnny signe alors quelques autographes, avec le sourire. Et quand on lui demande s'il n'en a pas marre, il répond : « Mais je leur dois ça, c'est mon métier. »

Nathalie Baye s'est séparée de cette maison, située à l'est de Limoges, il y a une dizaine d'années. C'est aussi là que leur fille Laura a fait ses premiers pas et passe une partie de ses vacances scolaires. Drôle d'enfance que celle de la jeune fille, trimbalée entre la campagne profonde et les bars de plage de Saint-Tropez où son père possède une villa.

Si Johnny est naturellement à l'aise dans les rues d'un village au fin fond de la Creuse comme sur le ponton d'un yacht croisant en Méditerranée, pour séduire la mère de Laura, il lui a fallu en revanche se réinventer. Car son instinct lui a tout de suite fait sentir qu'elle ne tomberait pas si facilement dans ses bras. Il est pourtant disponible : en 1982, il sort de son divorce d'avec Babeth. Leur mariage express aura duré à peine deux mois. Sa carrière ? Au point mort. Il n'a pas chanté de tubes depuis trois ans et « Ma Gueule ». En revanche, les salles sont toujours pleines. Sur un plateau télé, la même année, il se retrouve face à Nathalie Baye, qu'il ne connaît pas. Ils doivent jouer la comédie ensemble, un sketch intitulé « Quoi de neuf ma jolie », écrit par son vieux pote Philippe Labro. Il la trouve très belle, très classe. Ses yeux pétillent d'intelligence. Et puis, ce n'est pas une gamine, elle a seulement quatre ans de moins que lui.

De son côté, Nathalie Baye sort d'une longue et intense relation. Elle a vécu dix ans avec Philippe Léotard, un magnifique acteur aussi instable que brillant, qui avait quitté femme et enfant pour elle. Ses parents ? Des artistes peintres, et elle a tourné sous la direction de François Truffaut, de Maurice Pialat, de Bertrand Tavernier, de Jean-Luc Godard, de Bertrand Blier. Ce n'est pas l'univers de Johnny : son vrai pote dans le cinéma s'appelle Jean-Paul Belmondo qui, à l'époque, fait plus souvent qu'à son tour le « Guignolo » sur grand écran. Ils ne sont pas du même monde.

Au début, elle le fait attendre, le laisse lui faire la cour. « Nathalie Baye était à part. C'était une intello avec des copains qui avaient voté Mitterrand, mettaient des foulards et des pantalons de velours et allaient au Festival d'Avignon. Je n'avais pas l'habitude de draguer des filles comme elle[1]. »

Dans le fond, Johnny amuse Nathalie. Elle finit par craquer. Mais les amis de Nathalie sont sans pitié avec son nouvel amoureux. Pour les intellos du cinéma français, Johnny est vulgaire, un point c'est tout. Elle s'en moque. Johnny s'adapte. Il s'installe avec elle à L'Étang-la-Ville, dans l'Ouest parisien. Là-bas, il est moins tenté de sortir, sa bande de copains est tenue à distance.

Entre-temps, Laura est arrivée dans leur vie. Hallyday s'est calmé. Le soir, il a un livre à la main. Nathalie lui a présenté l'auteur-compositeur-interprète Michel Berger, qui est encore plus timide que lui. Lors d'un dîner à L'Étang-la-Ville, ce dernier remarque que Hallyday est en train de lire *La Chatte sur un toit brûlant*, de Tennessee Williams. En rentrant chez lui et à la suite de quelques autres rencontres avec le chanteur, Berger écrit pour Hallyday « Quelque chose de Tennessee ». Puis, après une autre discussion, « Le chanteur abandonné ». Deux futurs classiques de son répertoire. À l'époque, Johnny est le plus souvent sobre. Sa nouvelle panoplie ? Costards ajustés et cheveux courts, silhouette athlétique. Le bassiste Jannick Top fait partie du casting de l'album *Rock'n'Roll Attitude*, qui sortira en 1985. Il déclare : « Johnny avait tout arrêté, il était net et clair. C'était à l'époque de Nathalie Baye et de la petite Laura. La

1. Johnny Hallyday, Gilles Lhote, *Destroy*, *op. cit.*

protestante, elle le serrait. Le soir il rentrait tout de suite, sans même prendre un pot avec nous après le studio[1] ! »

Hallyday est parfois jaloux, aussi. Depuis son César de la Meilleure actrice pour *La Balance*, en 1983, les réalisateurs s'arrachent Nathalie Baye. À peine sortie de couches, elle tourne *Notre histoire*, de Bertrand Blier, film dans lequel elle partage l'affiche avec Alain Delon. « Avec le recul, je ne sais pas comment je suis arrivée à faire ce film. Je me levais aux aurores pour m'occuper de Laura. Et Johnny était tellement agacé que je parte tourner avec Delon que, chaque matin, il me demandait de lui cuisiner un ragoût de mouton[2] ! »

Le rythme du couple est infernal. Ensemble, ils jouent dans *Détective*, sous la direction de Jean-Luc Godard, présenté en mai 1985 en compétition officielle à Cannes. Sur les marches du Palais des festivals, il n'y en a que pour eux. Tout ce raffut commence à fatiguer Nathalie. Les paillettes, les flashs, très peu pour elle. Johnny, lui, est ravi. Il a l'habitude. Né dans ce tumulte, il ne peut concevoir qu'on ne s'intéresse pas à son travail, et encore moins à sa personne. Elle expliquera après coup dans *Paris Match*, en 1986, qu'elle ne supportait que difficilement le tourbillon dans lequel ils vivaient, et que leur histoire n'a pas résister à leurs obligations professionnelles, entre les tournages pour elle et les tournées pour lui.

---

1. Yves Bigot, *Quelque chose en nous de Michel Berger*, Don Quichotte, 2012.
2. *Studio*, août 2018.

Laura grandit, et il y a déjà de l'eau dans le gaz entre ses parents. Ils décident alors de partir au soleil pour les fêtes à l'île Maurice, en famille. Là-bas, ils discutent longtemps, calmement. Sans drame, sans heurts. Sans pour autant trouver d'issue. Dès leur retour à Paris, ils décident d'un commun accord de se séparer. « La pression sur nous a été tellement violente que nous avons abouti à une rupture », conclura Nathalie Baye. Hallyday se fera plus fataliste : « Je crois simplement que si l'on vit avec quelqu'un qui ne fait pas ce métier, il ne vous comprend pas et ça ne marche pas. Mais si l'on vit avec quelqu'un qui fait le même métier, on a les mêmes problèmes, les mêmes angoisses, et on a personne sur qui s'appuyer. Finalement, il n'y a pas de solution[1]. » Leur couple aura tenu quatre ans. Quand ils se séparent, en février 1986, Laura n'a que deux ans et demi.

Une jeune fille sensible

Personne n'est préparé à la célébrité. Si Laura est consciente de celle de sa mère, elle s'aperçoit tardivement de celle de son père. « C'était en 1993, au Parc des Princes. J'avais dix ans. J'étais là lorsqu'il est entré comme un gladiateur dans l'arène. J'ai vu une foule se lever. Puis il a chanté "Laura". Tout le stade était debout. J'étais très fière. C'était un moment d'amour hallucinant et en même temps assez perturbant pour une petite fille[2]. »

---

1. *Paris Match*, 1986.
2. *Elle*, 14 juin 2018.

Si David habitait à des milliers de kilomètres, en Californie, avec sa mère Sylvie Vartan, Laura n'était pas très loin de Johnny. Il s'en est occupé, à sa façon. La fillette, comme des millions d'enfants de couples séparés, a vécu un coup chez sa mère l'actrice Nathalie Baye, un coup chez son père. Johnny est alors comme beaucoup de papas dont le couple est séparé, il voit sa fille un week-end sur deux.

Comme on le voit, Laura a vécu une enfance en transit, entre l'appartement parisien de sa mère, sa maison dans la Creuse et la villa tropézienne de Johnny, baptisée La Lorada, contraction des prénoms de David et Laura. À Paris, elle croise le monde du cinéma et des médias qui entoure sa maman, une actrice de tout premier plan. Ils vont parfois voir son père en concert en province. Un témoin se souvient ainsi de la petite Laura, assise un soir à Marseille sur les genoux de l'homme de télévision Pierre Lescure, tapant dans les mains et criant « Papa ! Papa ! », alors que la foule hurlait « Johnny ! Johnny ! » en attendant qu'il monte sur scène. Quand elle est à Saint-Tropez, il y a souvent du monde à la maison. Johnny est un incorrigible noceur, sa bande de potes n'est jamais loin et une nuée de jolies filles papillonne sans cesse dans les environs.

À la fin des années 1980, son père se marie pour la troisième fois. À Saint-Tropez et avec Adeline Blondieau, la fille de son ami d'enfance Long Chris. Christian Blondieau est un homme qui a compté dans la carrière d'Hallyday. Il lui a écrit une jolie poignée de tubes, comme « Je suis né dans la rue », « Gabrielle » ou « Joue pas de rock'n'roll pour moi ». La jeune femme a presque trente ans de moins que

Johnny. Ils divorcent en 1992, puis se remarient en 1994, avant de se séparer de nouveau.

Laura est alors âgée de onze ans. Elle est scolarisée au collège puis au lycée Victor-Duruy, dans le VIIe arrondissement de Paris. Johnny fait entrer Laeticia dans sa vie. Elle devient sa quatrième femme en 1996, à la mairie de Neuilly-sur-Seine. Une fête de plus, avec des serments devant témoins. Embarquée sur le yacht *Only You*, Laura et sa belle-mère se découvrent. Elle a huit ans de moins que Laeticia, et la cohabitation est placée sous le signe de l'harmonie. Pour l'instant.

Adolescente à fort tempérament, Laura se révèle rapidement une actrice prometteuse et brûle la vie par les deux bouts, en toute insouciance : « Le jour, c'était Nathalie Baye et, une fois la nuit tombée, elle se transformait en Johnny ! », raconte d'ailleurs l'un de ses ex-petits amis, toujours sous le charme. En famille, les disputes sont fréquentes. Johnny le confie : « Laura a fait quelques mensonges qui ont beaucoup ébranlé la famille, mais elle a fini par rétablir la vérité. Souvent, elle nous a montés les uns contre les autres. » Et il poursuit : « Je pense qu'elle mentait à cause d'un mal-être. Je suis très reconnaissant à ma femme d'avoir supporté ces disputes montées artificiellement par Laura alors que ce n'était pas son enfant. C'était une preuve de grande bonté et d'intelligence de sa part[1]. » Les raisons exactes de ces disputes ? Mystère. Si Hallyday a vécu comme un livre ouvert, certains pans de son histoire personnelle restent fermés. À double tour.

1. Johnny Hallyday, Amanda Sthers, *Dans mes yeux*, *op. cit.*

Du côté des ennemis de Laeticia, on n'a en revanche pas de mots assez durs pour qualifier leurs relations : « Ce n'étaient que de fausses retrouvailles maquillées en opérations de communication… Elle allait jusqu'à effacer les messages et les SMS de Laura du portable de Johnny. Entre elles, ce n'étaient souvent qu'insultes ! »

Ça n'a pas toujours été le cas. Lorsque Laura craque et se retrouve soit au poste, soit à l'hôpital, Johnny la soutient, avec Laeticia qui lui rend visite. En 2007, la jeune femme est admise à l'hôpital psychiatrique Sainte-Anne. « Elle me fait penser à moi quand j'avais vingt ans, dans mes moments de déprime, explique Johnny. À cet âge-là, j'étais beaucoup plus torturé que maintenant. Elle me donne beaucoup de soucis. Mais j'ai bon espoir. C'est ma petite fille que j'adore[1]. »

Laura n'hésite pas à évoquer en toute franchise cette épreuve : « J'ai été hospitalisée en psychiatrie à Sainte-Anne, à Paris. Pas un grand moment de plaisir mais c'est efficace. Puis j'ai fait une cure dans un centre et j'ai participé aux réunions des Narcotiques Anonymes qui se poursuivent, bien sûr, de manière plus espacée. J'étais avec des patients très différents qui avaient tous le même problème que moi. Dans ce contexte, chacun se fiche de savoir qui est qui. On écoute les autres et on peut tout dire de soi, cela donne de la force. Je ne prends aucun produit de substitution. Il faut de la volonté, c'est une remontée éprouvante mais, peu à peu, on y arrive. J'étais très bien entourée. Ma mère, mon père, mes amis[2]… »

---

1. *Le Parisien*, 9 novembre 2007.
2. *Elle*, 30 septembre 2008.

Il arrive à Laura de replonger. En 2012, après un séjour en cellule de dégrisement, elle s'installe pendant plusieurs semaines pour se remettre d'aplomb dans leur villa de Pacific Palisades, à Los Angeles, où elle est la bienvenue, et où elle a sa chambre. Elle reviendra sur l'incident lors duquel la police l'a interpellée dans le quartier de Saint-Germain-des-Prés : « C'était des conneries. Pour vous dire la vérité, on avait mis un truc dans mon verre, la drogue du violeur. Je le sais parce qu'on a fait des analyses le lendemain. Je ne me souviens de rien, mais cela m'a mise dans une situation… embarrassante. Mais je n'étais pas saoule à poil dans la rue. Voilà. Maintenant, tout est réglé et aujourd'hui je suis en pleine forme[1]. » Avec le temps, elle apprend à surveiller ses fréquentations, mise sur la sobriété.

Laura n'a pas à rougir de sa carrière d'actrice encore en devenir. Comme son père, elle peut jouer de sa *star quality*, cette expression qui signifie bien prendre la lumière, savoir attirer l'attention, s'imposer sans en imposer. Elle est obligée de faire avec son statut de « fille de », sans cesse scrutée, contrainte de s'expliquer, de se justifier voire de s'excuser de descendre d'une lignée de grands noms du show-business français. Elle laisse parler sa sensibilité, revendique le droit à s'emporter. Elle se souvient des derniers moments avec son père : « On était à table, on n'avait pas fini de dîner, et mon père, qui était très impatient, s'est levé d'un coup et m'a dit : "Allez viens, je te fais écouter mon dernier album." On s'est retrouvés tous les trois

1. *Le Parisien*, 29 mars 2012.

dans son bureau, Laeticia était là et c'était un joli moment. Je sentais qu'il avait le trac. J'ai écouté huit titres, que j'ai trouvés remarquables, avec une voix démente. Il me regardait pour voir si ça me plaisait. On n'avait pas vraiment besoin de se parler. On est des animaux, lui et moi. On se sentait. Cela suffisait. Et il a senti que j'adorais. C'est mon dernier vrai moment avec lui. Celui que je veux garder, en tout cas[1]. »

1. *Elle*, 18 juin 2018.

7

André Boudou, un gars du Sud

Originaire de Marseillan, petit port de l'Hérault niché entre Agde et Sète, André Boudou naît le 4 août 1951 dans une famille modeste. Au village, tout le monde se côtoie. « C'est un mélange d'autochtones, de pionniers et de pieds-noirs », nous explique Didier Denestebe, journaliste, qui connaît la région comme sa poche. Sa mère a seize ans lorsque naît le petit André. Neuf ans plus tard, on le retrouve dans les rues de la vieille ville de son enfance, à jouer avec d'autres gosses au petit soldat. Nous sommes en 1960 et Jean-Philippe Smet, devenu Johnny Hallyday, fait sa première apparition à la télévision. Il est accompagné de sa marraine, Line Renaud. Mais à cette époque, le fils d'Henry, pêcheur sur l'étang de Thau, et d'Elyette, restauratrice, n'en a que faire. Ce garçon plein d'énergie pense surtout à s'amuser. On le dit roublard, mais il est tellement attachant ! Un vrai petit gars du Sud, élevé à la dure et dans les valeurs de l'Ovalie. Un roc qui aimera répéter qu'il s'est façonné seul. Tout comme Hallyday, enfant de la balle et de la bohème qui, lui aussi, mettra un point d'honneur à rappeler qu'il ne doit rien à personne. Deux taiseux à leurs heures, deux orgueilleux qui fascinent tous ceux qui croisent leur route. Des fonceurs, des instinctifs que le destin réunira quelques décennies plus tard. Mais il faut d'abord se construire.

Les valeurs de l'Ovalie

C'est sur les terrains de sport qu'André acquiert les règles élémentaires de la survie. Il y gagne le respect des siens. Dans les années 1970, ce jeune homme fougueux fait les beaux jours du club de rugby voisin, l'AS Béziers. Et il devient rapidement l'idole des troisièmes mi-temps. Un statut honorifique dans une région où le rugby, plus qu'un sport, sert d'abord de marqueur social, avec ses règles et ses valeurs qui structurent les familles. Fonceur, André obtient ses premiers galons dans la mêlée, où il s'affirme comme homme de caractère. Déterminé plus que tout à gagner, il plaque à tout-va sur les terrains. Il est tout à sa passion et les événements de Mai 68 glissent sur lui comme l'eau sur les plumes d'un canard. À Marseillan, ce joueur élégant, rugueux et acharné laisse d'ailleurs de mémorables souvenirs. Accoudé au zinc d'un des cafés du village, Jean, grand supporter du club biterrois, assure avec une pointe de fierté: «Sur le terrain, c'était un tueur!»

À l'époque, André joue dans la réserve de la grande équipe de Béziers, qui truste presque tous les titres nationaux. «C'était le PSG du rugby, on gagnait tout!», se souvient encore Jean. Mais le ballon ovale n'est pas encore entré dans le monde des professionnels et André ne peut envisager d'en faire son métier. Or, le blondinet de Marseillan, à la carrure solide et au regard perçant, commence à s'interroger sur son avenir. Il se sent peu attiré par les études et sait qu'il lui faut travailler. Vite. « Mes parents m'ont bien fait comprendre que je n'aurais pas d'héritage, alors je suis allé bosser », confiait-il il y a quelques années. Porté par sa réussite sportive et sûr de ses capacités, ce garçon pressé décide de se lancer dans l'aventure. Il n'a que dix-neuf ans et possède pour seuls diplômes celui de « la vie, des rues de Marseillan ». La meilleure des écoles pour qui veut faire des affaires, sans doute…

À l'instar des gens du cru, André a son caractère. Vif, parfois même sanguin, on le dit aussi impulsif, colérique, impatient et très méfiant. Ce qui ne l'empêche pas de se montrer chaleureux à ses heures, et protecteur vis-à-vis de quelques-uns, triés sur le volet. Les poches vides, mais les rêves nombreux, son envie de percer impressionne tous ceux qui le croisent. Elle fait sa force et force l'admiration. Face aux déconvenues, ce bagarreur bombe le torse. Il serre les dents. Question d'habitude pour qui sait se frayer un passage dans la mêlée. On essaie de le voler ? On envisage de le plumer ? Boudou réplique. Sans états d'âme. « Il peut se montrer gentil, mais il ne faut pas l'arnaquer d'un centime ! », confirme Didier Denestebe. D'ailleurs, c'est simple, il ne fait confiance à personne et gère d'une main de fer ses petites affaires. Contrairement à Johnny qui, lui, fait confiance aux siens. À ses dépens.

En 2009, Sylvie Vartan propose au chanteur d'acheter un jet en commun afin de faciliter leurs déplacements. Son ex-femme ajoute que lorsqu'ils n'utilisent pas l'avion, ils peuvent le louer, ce qui constituerait une petite rente. Johnny accepte. Mais très vite, il se rend compte que l'appareil n'est pas en bon état. Première mauvaise nouvelle. La seconde suit dès qu'il demande à regarder les comptes. Le rockeur comprend alors que Sylvie lui a caché un certain nombre de transactions. Elle et son mari, le producteur américain Tony Scotti, ont loué l'appareil à son insu. Ils n'ont évidemment pas partagé les bénéfices. Le chanteur décide alors de se retirer de ce marché de dupes et l'avion est revendu. Selon Me Amir-Aslani, le couple traversait à cette époque une énorme crise financière car en 2008 Tony Scotti a vu fondre une partie de sa fortune, qu'il avait confiée à Bernard Madoff, l'un des plus grands escrocs américains de ces dernières années, condamné en 2009 à cent cinquante ans de réclusion criminelle.

Il ne l'ignore pas : son caractère bien trempé, exécrable, avancent même certains, fait jaser. Mais il s'en moque. Et, droit dans ses bottes, M. Boudou met en avant sa *success story*. Le self-made-man se gargarise d'avoir percé dans un milieu très difficile. Au village, d'ailleurs, on respecte cette réussite. « Le seul Marseillan » qui y est arrivé, dit-on pour plaisanter, « c'est Dédou ». Sa méthode ? Celle du bulldozer qui écrase tout sur son passage. Comme un homme politique en campagne, il fonce, se donne en entier pour se hisser là où il rêve d'arriver. Au sommet. Il travaille, convainc et parvient à séduire. Une façon d'être autant qu'une tactique qui ne vont pas tarder à porter leurs fruits.

Autodidacte, à l'instar de son futur gendre, André Boudou est également un fin observateur. Il ne lui échappe pas qu'en cette époque bénie des Trente Glorieuses, sa région vit une profonde mutation. Un boom démographique d'abord, avec le rapatriement des Français d'Algérie. Plus que jamais, André se sent comme un poisson dans l'eau, lui qui aime les discussions animées et l'ambiance instillée par les pieds-noirs. Et puis, comment ne pas voir que le Cap d'Agde change de physionomie ? Naguère modeste port de pêche, la station balnéaire se couvre désormais de grues, les immeubles poussent comme des champignons. Les marécages sont remplacés par des marinas, la vie paisible du village s'efface au profit du tourisme de masse et des innombrables complexes hôteliers. Le Cap d'Agde mais aussi Palavas deviennent des destinations estivales prisées. Les vacanciers s'y ruent de partout, ravis de dépenser leurs économies sous le soleil du Languedoc-Roussillon. Plus rien ne sera comme avant, André le sent. Il le voit. L'atmosphère est à l'optimisme, la croissance au rendez-vous. La France a envie de danser, elle n'attend que des lieux pour se défouler.

C'est l'occasion ou jamais de se lancer. Dédou a quelques idées originales à tester. Allez, la chance sourit aux audacieux...

Une ascension fulgurante

Le jeune homme commence comme serveur. Il fait merveille, avec son énorme bagout et ses faux airs de Boris Vian, la mèche au vent. Mais à dix-neuf ans à peine, impossible de démarrer seul. En ce début des années 1970, André est encore mineur selon la loi. Il faudra attendre 1974 pour qu'un jeune président fraîchement élu, Valéry Giscard d'Estaing, abaisse l'âge de la majorité de vingt et un à dix-huit ans. Mais André ne va pas se laisser arrêter pour si peu. Car il veut ouvrir une boîte de nuit, la première. Elle s'appellera Le Crabe, et deviendra plus tard Le Psychedelic. Alors, il demande de l'aide à l'une de celles en qui il place toute sa confiance: sa mère. Pour la première fois – mais non la dernière –, Elyette prête son nom pour que la transaction puisse s'effectuer. Son fils, sa fierté, vient de poser la première pierre d'un gigantesque édifice financier. Pour faciliter ses prochaines opérations, la future «Mamie Rock» l'émancipe. Nous sommes en 1971. La même année, Johnny chante «Toute la musique que j'aime» et Françoise Thibault est élue «Miss Vias», lors du concours de beauté de cette petite commune de la région. Elle est la fille du pharmacien du village, et rejoint la famille Boudou en épousant André.

Cette histoire d'amour ne détourne pas le jeune entrepreneur de ses rêves de gloire. En 1974, André Boudou a vingt-trois ans et ouvre sa seconde affaire avec son épouse, Françoise. Un restaurant-bar-discothèque situé sur les quais du Cap d'Agde, qu'il baptise Le Petit Liberty. Clin d'œil à cette liberté revendiquée haut et fort par la génération de l'après-68, peut-être. L'établissement ne désemplit pas. Il est moderne et unique en son genre. Surtout dans la région. Entre deux concerts dans le sud de la France, les stars, toujours en quête de nouveauté, passent la soirée chez André. Lui recherche leur compagnie. Il adore se montrer avec eux, les étoiles du show-biz. Sur les pistes de danse du Petit Liberty, les fêtards et les groupies en ont pour leur argent. Il y a toutes les vedettes de l'époque : la bande de Carlos, Michel Sardou, Gilbert Bécaud, Coluche, mais aussi, plus étonnant, Jacques Attali… Le Cap d'Agde se fait un nom dans le monde de la nuit, ses clubs deviennent les endroits où il est bon d'être vu. Mais attention à ne pas lasser, il ne faut jamais décevoir. Conscient du risque, André Boudou innove en permanence. La première boîte à ciel ouvert, c'est lui. Il l'appellera l'Amnesia, et déposera le nom à l'INPI. Le lieu est mythique. On en parle encore. Tout comme les soirées mousse, qu'il a inventées dans les années 1980. Une tradition qui se perpétue toujours de Los Angeles à Ibiza, en passant par l'Amnesia. Déjà à cette époque, Johnny y passe quelques soirées, sans savoir que le propriétaire des lieux deviendra un jour son beau-père…

C'est en 1975 que Laeticia voit le jour. Elle est une petite fille introvertie, très proche de son papa. La famille est soudée, on vit les uns avec les autres, à la bonne franquette. Chez les Boudou, on habite ensemble, on travaille ensemble, on part en vacances ensemble. On ne se quitte jamais. Plus qu'une famille, il s'agit d'un clan, d'une entreprise, d'un business et d'un vrai savoir-faire. Que l'on apprend sur le tas. La tête, c'est André. Il conquiert le public avec des DJ innovants qui attirent des flopées de night-clubbers et de people. Saison après saison, son prestige augmente, sa notoriété grandit dans le monde de la nuit. Pendant ce temps, la petite Laeticia fait ses armes dans la pizzeria familiale. Mais entre deux « quatre-saisons », la gamine a déjà des rêves de princesse et de prince charmant. Elle ignore encore le nom de ce dernier. Elle ne peut pas non plus savoir que, dans quelques années, l'idole de toute une génération viendra dîner chez elle. À la pizzeria. Et qu'une des pizzas portera même son nom !

Johnny interdit bancaire

Revenons à 1976. C'est l'année de naissance de Grégory. Le petit frère adoré, celui que Laeticia protège. Proches par l'âge, les enfants deviennent vite inséparables. De vrais Boudou ! En 1979, leur père ouvre un troisième lieu. Avec son sens du « naming » et du marketing, il le baptise le Liberty Beach. Et répète la formule gagnante : bar-restaurant-discothèque. Dédou devient le roi de la nuit dans le Sud. Financièrement, c'est un homme qui compte et il noue, petit à petit, des amitiés spéciales. Dans cet univers-là, on n'hésite pas à faire le coup de poing contre ceux qui voudraient vous barrer la route. André moins que quiconque, maintenant que son patrimoine commence à faire des envieux.

À la même époque, en 1978, Johnny traverse – déjà – une situation financière difficile, comme en témoigne une note blanche des Renseignements généraux. La fiche détaille les agissements du chanteur et signale que l'interprète des « Portes du pénitencier » est… interdit bancaire ! « Quand nous avons découvert cela, nous étions tous surpris », nous confie un ancien des services de renseignement. Sur ce document, on peut également lire son vrai nom, Jean-Philippe Smet, et sa profession : « idole des jeunes » ! L'administration est parfois farceuse...

En 1984, un an après la naissance de Laura, la fille de Nathalie Baye et de Johnny, André Boudou rachète les parts d'un établissement au Cap d'Agde. Il s'associe à un businessman réputé pour ses relations disons ambiguës, Jackie Bonnieu. Il est loin pour lui d'être un inconnu. Il a longtemps travaillé au Corsaire, le restaurant du père Boudou, Jean. Une véritable institution à Sète. Année après année, cet homme haut en couleur a eu le temps d'observer l'évolution du petit André. Bonnieu, très doué aussi en affaires, investit au Cap d'Agde en 1974 et crée le Brasero. Puis il se rapproche d'André. Ensemble, ils financeront le Liberty Beach et, en 1984, ils récidiveront avec l'Amnesia, l'une des plus grandes discothèques d'Europe. Une véritable manne financière.

Dès sa création, sur l'île des Loisirs, au Cap d'Agde, l'Amnésia devient un lieu de pèlerinage pour les clubbers en vacances dans la région, une Mecque des nuits héraultaises et la principale source de la fortune d'André. Il faut parfois patienter plusieurs heures avant de pénétrer dans ces lieux magiques où seront programmés au fil des ans tous les futurs grands DJ de la scène techno : David Guetta, Bob Sinclar, Martin Solveig... À l'intérieur, tout est pensé pour faire la fête. Cinq bars, trois pistes de danse où s'entassent jusqu'à 2 000 personnes. Chaque soir, la programmation est différente, démente. L'ensemble du décor est tourné vers la cabine du DJ, le nouveau roi de la nuit, et les jeux de lumières sont paramétrés au millimètre. Le concept de l'Amnésia est né.

Trente-cinq ans plus tard, le succès de cette boîte hors norme ne se dément pas et, aujourd'hui encore, elle reste l'une des discothèques les plus réputées de France, avec une programmation digne des grands clubs d'Ibiza. Ici se produisent les meilleurs DJ, ceux que l'on rémunère à coups de très gros cachets. De ce point de vue, André Boudou a été un vrai précurseur. Il a parié sur les musiques électroniques, a anticipé leur déferlement planétaire et a ramassé la mise. Plus tard, son associé et fidèle acolyte Jacky Bonnieu la fera fructifier. Il s'occupera de la gestion des arènes locales et fondera même un magazine nommé *Cap Hebdo*. Une réussite incontestable. Mais ce qui ravit tout autant le fils de pêcheur, c'est d'être l'ami des personnalités les plus en vue. Ou du moins d'une partie du showbiz de ces années-là. Lorsque les Sacha Distel, Charles Aznavour, Richard Anconina, Vincent Lindon, Carlos, Roland Magdane ou… Johnny Hallyday descendent dans le Sud, c'est chez André qu'ils s'amusent.

Maintenant qu'il en a largement les moyens, André a aussi envie de profiter de la vie. De se faire des petits plaisirs en diversifiant ses activités. Il travaillait la nuit ? Il devient, en plus, hyperactif le jour. Il commence par acquérir quelques biens immobiliers. Puis, poussant la logique jusqu'au bout, ce touche-à-tout se transforme en promoteur. Pendant sept ans. De 1978 à 1985 et ce, *via* une société nommée la Deviq. « Il vendait des terrains à bâtir pour construire des maisons individuelles », nous explique Didier Denestebe. On le voit aussi construire des résidences secondaires au Cap d'Agde. Un business qui peut se révéler hautement lucratif.

Autre passion, pour cet homme pressé de réussir : le sport automobile. Il participe à plusieurs courses, notamment l'une des plus prestigieuses, le Paris-Dakar. Cerise sur le gâteau, en 1987, il parvient même à remporter une étape, au volant de sa Mitsubishi. Dédou est fier d'entrer dans la cour des grands. À ses yeux, il n'y a que cela qui compte.

Il se fiche qu'on découvre finalement que l'acquisition de l'Amnesia s'est faite avec l'appui de plusieurs figures du banditisme local. Eh bien, quoi ? À Marseillan et dans la région, beaucoup vous confient en souriant « que l'on ne peut pas ouvrir de boîte de nuit sans de solides amitiés ». Il n'y a pas là de quoi fouetter un chat ! Et les mauvais coucheurs, qu'ils aillent se plaindre à Boudou ! Lui garde le cap, tête haute : « Je suis un chef d'entreprise, je ne bois pas, je ne fume pas, je suis avec la même femme depuis vingt-six ans. Je suis un ancien rugbyman, les gens savent qu'ils n'ont pas intérêt à venir me chercher, je sais plaquer au sol. »

La dépression amoureuse

Mais même les durs à cuire ont des peines de cœur. Or, à l'aube des années 1990, André divorce de Françoise et file à Miami. Sur le coup, personne ne comprend pourquoi Dédou s'envole pour la Floride. Jusqu'à ce que l'on apprenne que le petit gars du Sud est tombé follement amoureux d'une Américaine. Elle travaille chez Cartier et il est prêt à tous les sacrifices pour elle. Tiens, lui qui détestait l'école, il s'inscrit même à la Berlitz Institution, à New York, pour lui chanter la sérénade en anglais. Mais cette fois sa détermination à obtenir ce qu'il veut ne suffit pas. L'histoire se termine mal. Et André plonge dans la dépression. Sa carapace se fend, elle laisse entrevoir un vrai cœur d'artichaut. Il n'est pas le seul dans ce cas. À cette époque-là, Johnny souffre du même mal. Tous deux sont au bord du gouffre. Et contre toute attente, lorsqu'ils vont se rencontrer, ce sera le coup de foudre.

Depuis sa douloureuse rupture, André se laisse aller. Lorsque Laeticia lui rend visite aux États-Unis, elle découvre un père amaigri et envahi de pensées suicidaires, comme elle le racontera en 2013. Elle n'a que quatorze ans mais décide de s'installer à ses côtés. De veiller sur lui. Bien sûr, quitter la France lui coûte. Cela l'oblige à se séparer de son frère, Grégory, resté avec leur mère dans l'Hérault. Ils sont si fusionnels… Et cette situation difficile finit par avoir raison de sa propre santé : Laeticia sombre dans l'anorexie et quitte l'école. Elle s'occupe alors de son père à temps plein. Requinqué par le soutien inconditionnel de sa fille, André, lui, finit par reprendre le dessus. Pour oublier ses déboires personnels, il se remet à rêver. Comme toujours, ses projets sont pharaoniques. Le petit *Frenchy* décide de partir à la conquête de l'Amérique. Il va faire ce qu'il sait faire : des boîtes de nuit. Il va exporter l'Amnesia à Miami.

Après tout, l'Amérique semble taillée pour lui. Il a fait de la démesure une marque de fabrique. Or, là-bas, tout est possible. Et fini les emm… Pardon, les impôts. André, qui se dit « persécuté » fiscalement en France, n'en peut plus des taxes. Un « enfer fiscal », à l'écouter ! C'est bien simple, on y pratique une politique confiscatoire. Elle freine ses projets. Alors direction la Floride, ses palmiers et ses soirées tout aussi chaudes que celles de l'Hérault.

Avant de se lancer, Boudou commence par gamberger. Puis, en 1993, son nouveau bébé voit le jour. Il s'appelle… l'Amnesia, à Miami Beach, et c'est la plus grande boîte des États-Unis. À cette époque, tout le monde le prend pour un fou. « La discothèque que j'ai créée ici est un concept totalement différent, explique-t-il en 1995, dans *Le Magazine info* de TF1. Au pays de Disney, où ils ont soi-disant tout vu, je suis venu, moi, étonner les Américains avec un truc plus gros, plus fort et bien mieux conçu que ce qu'ils connaissaient déjà. » Il est vrai que ce projet est démesuré. Une marque de fabrique partagée par un autre homme : cette année-là Johnny fêtait ses cinquante ans au Parc des Princes.

Le rêve américain

André vit son *american dream*, version dance-floor et cocktails à volonté. Et c'est le jackpot. L'affaire marche incroyablement bien. Ciel ouvert, 4000 mètres carrés, une capacité de 6000 personnes, la recette inaugurée en France réussit au baron de la *night*. L'endroit se veut sélect, avec carré VIP, et devient rapidement le lieu à la mode. Le fils de pêcheur vit désormais sur l'île des milliardaires, Fisher Island, il conduit une Rolls Royce et passe ses week-ends sur son yacht ou à piloter son hélicoptère. Sa réussite forge le respect jusqu'en Floride. « Personne ne se méfie de lui, il passe même entre les gouttes de la mafia», explique notre journaliste, très bien informé. Même la télé américaine rend hommage à ce *Frenchy* à l'esprit si «américain». Sa boîte, qu'il revendra plus tard avec un joli bénéfice, devient le repaire des fêtards d'Hollywood et d'ailleurs : Sharon Stone, Robert De Niro, Madonna... et Johnny Hallyday. C'est ici qu'il croisera pour la première fois Laeticia. À ce moment-là, la jeune fille est fragile, presque frêle : «J'ai déjeuné avec elle six mois avant qu'elle ne fasse la connaissance de Johnny, c'était une vraie gamine», nous confie notre informateur. Une gamine qui rêve d'amour et de fiancé dévoué... Comme il se doit, l'histoire va se conclure par un happy end. L'alliance au doigt, Johnny va être adopté par le Cap d'Agde et devenir la coqueluche de la famille Boudou. Lui, il leur apporte son nom. Il donne au petit gars de Marseillan une dimension nationale, dope sa notoriété, et donc ses affaires. Mais ils n'en sont pas encore complètement là.

1995 : Johnny débarque à Miami. Il arrive du Mexique, où il vient de tourner un clip pour un énième album. Il est au fond du gouffre. Il sort de son second divorce avec Adeline Blondieau, vient de se séparer de son manager Gil Paquet, a des problèmes d'argent et se retrouve, une fois de plus, en délicatesse avec le fisc. Jean Roch, le night-clubber et ami de longue date du Taulier, l'appelle et lui propose de sortir. Il veut lui montrer la boîte de Boudou, qu'il connaît bien. En outre, coup de chance, De Niro est attendu à l'Amnesia. Johnny accepte. Il dîne avec André, Laeticia et quelques proches. Du haut de ses vingt ans, avec ses longues anglaises, la jeune femme se sent intimidée. Toute la soirée, elle échange malgré tout des regards avec l'immense star, séduite par sa jeunesse et sa fraîcheur. Mais le vrai coup de foudre se produit à ce moment-là entre Johnny et André. Deux hommes blessés.

Un samedi matin, titillé par un SMS sur ses liens avec le milieu corse, Dédou finit par décrocher son téléphone. Pendant deux heures, il revient pour nous sur sa vie. Johnny? « J'ai été amoureux de Johnny Hallyday, lâchera-t-il. C'est un homme formidable, un artiste talentueux mais je détestais Jean-Philippe Smet. Il manquait de courage. Il aurait quand même pu réunir autour d'une table Laura et David pour les informer des dispositions qu'il avait prises pour l'héritage. » Toujours ce besoin de se mêler, de protéger aussi. En premier lieu Laeticia, même si aujourd'hui père et fille sont brouillés.

Il y a vingt-trois ans, André et Johnny prenaient le temps de se découvrir. Ils partagent alors un certain nombre de passions, et ils se complètent. Dédou se sent tout de suite flatté à l'idée de devenir parent d'une icône nationale. Quant à la star, elle trouve une famille qu'elle n'a plus. Mais cette grande proximité déroute très vite le businessman, qui s'est fait une place sous le soleil de la Floride. « Il avait une fortune colossale », confirme Didier Denestebe. Boudou n'arrive pas à comprendre comment le chanteur peut être moins riche que lui, le petit provincial parti de rien. Très vite, il va trouver des réponses à cette interrogation qui le taraude.

« "Johnny, tu peux me passer ta bagnole?" "Johnny, tu peux me passer ta moto?" C'était ça tout le temps!

se souvient Dédou. C'était une vache à lait. Quand il sortait, quinze-vingt pique-assiettes s'installaient à sa table, et lui, il réglait la note.» Trop de monde profite de la gentillesse et des largesses financières du chanteur. Révulsé, l'homme d'affaires se met en tête alors d'assainir les finances de celui qui va appartenir à sa famille. «Je sais compter, lui sait chanter», disait-il alors. S'il assume son rôle de «nettoyeur» pour le bien de sa fille, en revanche, André Boudou affirme n'avoir jamais touché un sou pour cela et nie tout enrichissement personnel. Le 17 août 2018, dans une interview au *Parisien*, il précise même: «Si Johnny ne nous avait pas rencontrés, ma fille et moi, il serait mort bien avant et ruiné.»

Et de rappeler que seul son clan a su apporter la paix à laquelle l'homme de tous les excès avait fini par aspirer. «Ma fille lui a offert la famille qui lui manquait, nous dit-il. La maison, la cheminée, les chiens, les enfants, c'est Marnes-la-Coquette. Quand Johnny rentrait à 5 heures du matin, qui se levait pour lui préparer un petit truc à grignoter? C'est Mamie Rock, la grand-mère de Laeticia. Celle qu'il adorait.»

Des propos qui ne plaisent guère aux proches. «Johnny a existé avant les Boudou et il existera après les Boudou», taclent-ils. Avant de retourner l'argument: «Boudou, c'est un entrepreneur qui a réussi localement. Grâce à Johnny, il a fait son entrée dans la cour des grands, il s'est mis à fréquenter le ban et l'arrière-ban du show-biz.» Plus méprisant encore: «Johnny a l'allure d'un vrai rockeur. À côté, avec ses chemises roses, Boudou fait représentant de commerce.» Une comparaison peu aimable mais dont le richissime homme d'affaires n'a cure. Il coule actuellement une retraite paisible à Saint-Martin, du côté néerlandais de l'île. Une rumeur persistante affirme qu'il y gérerait une trentaine d'appartements. Interrogé sur ce bruit qui court, Boudou fait silence. La meilleure des défenses parfois.

La brouille à Saint-Barth

Le symbole de la prise de pouvoir d'André Boudou se déroule deux ans après le mariage de Laeticia et Johnny, en septembre 1998. La France a passé l'été à fêter Zidane et la Coupe du monde ; le Taulier, lui, doit donner un show géant au Stade de France. Mais rien ne va se passer comme prévu. En effet, un déluge s'abat sur la capitale et l'hypothèse d'une annulation stresse tout le monde. L'atmosphère est électrique : la carrière de Johnny est en jeu. Il peut tout perdre. Johnny s'enferme dans sa loge. Jean-Claude Camus, son producteur, qui risque la faillite, tente de pénétrer dans l'antre de l'artiste. André Boudou, chemise rose ce jour-là, cherche à lui en barrer l'accès, avant que le producteur ne pique une colère mémorable. Le beau-père donne l'impression de jouer les « videurs », de s'accaparer tous les pouvoirs. Si Jean-Claude Camus accède finalement à la loge, Dédou paiera cher cette altercation dont les images feront le tour des télés. « En fait, Johnny pleurait comme un gosse, je voulais le protéger », se justifie aujourd'hui André Boudou. Une explication qui ne convainc personne parmi les intimes de Hallyday. À les écouter, le père de Laeticia voulait surtout remplacer Jean-Claude Camus.

Il n'y a pas qu'avec le producteur historique de Johnny que Boudou a eu de francs démêlés. Bien plus tard, Sébastien Farran fera aussi les frais de ses colères homériques. Ce très proche de Laeticia est le dernier manager du chanteur, mais il suffit à André Boudou de prononcer son nom pour l'entendre bouillir de colère. Il lui reproche de ne « voir que son intérêt ». « Sébastien Farran a toutes les raisons de vouloir m'éloigner de Laeticia, affirme-t-il. Si jamais je renoue avec ma fille, il n'existe plus, dehors ! Il traîne une sacrée réputation, mais peu importe, Laeticia reste et restera ma fille. » En réalité, le père aurait peur pour la mère de Jade et Joy. Peur de l'influence du producteur, qui toucherait, aux dires de Boudou, 30 000 euros par mois pour s'occuper de Laeticia, ce que conteste l'intéressé. Un homme à la réputation sulfureuse, ce Farran, qui a connu des problèmes d'addictions. Laeticia serait-elle sous influence ? « La seule chose que je crains c'est qu'il profite d'elle... C'est quoi ce salaire ? Pour quoi faire ? », s'indigne-t-il en bon père de famille.

Papa poule, il l'est aussi avec son fils cadet, Grégory. Des yeux bleus perçants et une barbe de trois jours, « Greg », comme l'appelle affectueusement Laeticia, est toujours resté dans l'ombre paternelle. On sait d'ailleurs très peu de choses sur la vie privée du discret exécuteur testamentaire de Johnny : il se serait marié avec Marilyne, l'ancienne nounou de Jade et Joy, selon *Voici.* Pilier du clan Boudou, Greg est très proche de son père, et réciproquement. Il est vrai que les deux hommes se ressemblent. Taiseux, durs à cuire, ils possèdent un vrai talent pour le business.

Aux dires de ceux qui les côtoient, le fils aurait même dépassé le père. Grégory serait plus avant-gardiste que son géniteur : il a fait venir de nouveaux DJ de renom au Cap d'Agde. Plus dur en affaires, aussi. En avril 2018, ce personnage discret est placé en garde à vue. La justice le soupçonne de fraude fiscale, abus de biens sociaux, et d'avoir organisé sa banqueroute. Les enquêteurs ont constaté que rien n'était au nom de la famille, qui aurait organisé son insolvabilité avec l'aide d'une multitude de sociétés-écrans. Lancée au tribunal de commerce, la procédure a basculé vers le tribunal correctionnel de Béziers. Lors de sa garde à vue, Grégory Boudou, qui dirige l'Amnesia depuis 2016, ne se démonte pas. Il nie être le gérant de la boîte de nuit et déclare que sa famille est victime d'une cabale, liée à l'affaire de l'héritage du chanteur. « Grégory n'était ni le garant ni le gérant mais directeur de l'association, tempête Boudou père. Quand on ne peut pas avoir le père, on a le fils. Lorsque Grégory est allé en garde à vue, je suis tombé malade, j'ai failli mourir. » Il a effectivement fait un malaise cardiaque, sur son île de Saint-Martin. Mais cela ne poussera pas Laeticia à le contacter pour recoller les morceaux.

Le seul regret d'André Boudou, c'est cette brouille avec sa fille, alors qu'ils étaient si proches. Elle intervient juste après la rupture de Johnny avec Universal, une catastrophe en termes financiers. Très famille, presque clanique, André vit cette mise à l'écart comme un drame. « Mon seul regret, mon seul échec, c'est de ne plus parler avec ma fille. Je l'imagine très mal entourée », dit-il. Que Laeticia ne prenne même pas de ses nouvelles après son accident cardiaque surprend tout le monde, y compris notre journaliste spécialisé : « Elle n'appelle pas son père, malgré son problème cardiaque. Je ne l'explique pas. » Si les raisons profondes de cette brouille demeurent obscures, en revanche une chose est certaine : depuis l'incident de Saint-Barth, le père et sa fille ne se sont pas revus.

La scène se déroule lors de l'enterrement de Johnny à Saint-Barthélemy. Plusieurs témoins acceptent de raconter ce à quoi ils ont assisté, médusés. Ce jour-là, le père de Laeticia s'en serait pris violemment au patron de la Warner et à Sébastien Farran, à tel point que c'est sa fille en personne qui l'aurait enjoint de prendre le premier avion pour rentrer chez lui. André Boudou présente une autre version des faits : « Je papotais avec Thierry Chassagne [le patron de la Warner], que j'estime, et au détour de la conversation, je lui dis : "Vous avez réalisé une excellente opération commerciale en signant Hallyday". Et là, Sébastien Farran me fait la réflexion suivante : "Tu ne penses qu'à l'argent !" Mais de quoi se mêle-t-il, cet escroc notoire ? Bien entendu, en raison des circonstances j'ai préféré me retenir… Ma fille m'a donc gentiment demandé de quitter les lieux. J'ai regagné mon domicile à Saint-Martin », explique sans sourciller André Boudou. Sébastien Farran, lui, voit les choses autrement : « Je ne sais pourquoi il m'en veut autant, nous affirme-t-il. André Boudou n'a pas parlé à sa fille depuis cinq ans, le salaire qu'il me prête est faux. De plus, je ne suis pas salarié, je touche un pourcentage via mon contrat de management.

Je lui rappelle que tous nos comptes sont visés par des avocats et que Johnny n'a jamais gagné autant d'argent que ces dernières années. Quant à l'altercation à Saint-Barth, il exagère beaucoup. Nous nous sommes pris la tête deux secondes, et le lendemain tout allait bien. » Concernant son rôle auprès de Laeticia : « Pour l'instant, je conserve mon contrat de management. Je m'occupe des affaires courantes, de la gestion du fond du catalogue. Je sers d'interface professionnelle à Laeticia. »

Dans ce contexte tendu, on comprend mieux les griefs d'André Boudou contre Sébastien Farran et vice versa.

« André est sanguin, il a dû prononcer des mots qui dépassent sa pensée. Sa fille doit être capricieuse et colérique », conclut Didier Denestebe. Qui sait ?

8

Johnny et les voyous

« Quoi, leurs gueules ? Qu'est-ce qu'elles ont leurs gueules ? », aurait pu chanter Johnny lorsque l'on évoque certains de ses amis, peu recommandables. Hallyday les a toujours défendus et ces derniers lui ont rendu la pareille. Tout au long de sa carrière, la star s'est entourée de blousons noirs, de *bad boys*, de gros bras et même de voyous en costume-cravate. Durant son enfance, déjà, au gré des spectacles de la cousine Desta dans les cabarets de Pigalle, Jean-Philippe Smet fréquente ces durs à l'argot fleuri. Il adoptera les codes de ce milieu qui le fascine. Plus tard, enfin, ces « amis fidèles » lui apporteront leur protection et le sauveront à plusieurs reprises de situations délicates.

Dans ce beau monde, on retrouve des « blazes » dignes d'un film aux dialogues signés Michel Audiard. Des profils que l'on imagine volontiers « éparpiller façon puzzle » ceux qui se mettent en travers de leur route.

Une enfance entre cabaret et bordel

Tout d'abord, il y a les frères Guérini, qui gardent un œil sur tout ce qui se passe ou se braque à Marseille. Il faut passer par eux, avoir leur adoubement, pour profiter pleinement de la cité. Johnny les fréquente depuis sa plus tendre enfance, presque malgré lui. Gamin, il accompagnait sa cousine Desta dans le cabaret l'Alcazar, à Marseille, où elle présentait son fameux numéro de claquettes. L'établissement est tenu par des personnages fantasques : Antoine et Barthélemy Guérini. Rois de la pègre et maîtres incontestés du Milieu français, ils se prennent d'affection pour ce gosse aux boucles d'or, plus particulièrement Barthélemy, dit « Mémé », qui va en faire son protégé. Ils le surnomment « le minot », plus tard ce sera « Jojo ». Ils le traitent presque comme l'un de leurs fils, tandis que le gamin voit en ces hommes, à l'allure digne d'un film noir, la figure paternelle qu'il n'a pas eue. Mais les frères Guérini ne sont pas que de gentils tontons, ils règnent sans partage sur la cité phocéenne et sa voyoucratie. Ils gèrent des endroits chauds et sulfureux, pas vraiment adaptés à un garçon de cet âge. Qu'importe, Johnny est en quête d'affection, d'où qu'elle vienne.

Les Guérini ont quitté leur petit village de Corse avec la féroce envie de réussir, par tous les moyens. Ça tombe bien, l'époque était propice aux combines et aux larcins. Ces natifs de Calenzana ont établi leur QG dans le quartier de l'Opéra, à Marseille. Le repaire des bandits, des macs et des prostituées. Selon une légende tenace, la moitié des tripots, des maisons closes et des bars de la ville appartenaient ou étaient gérés par des hommes du clan. S'ils sont loin d'être des enfants de chœur, ces « Arsène Lupin » corses possèdent certaines valeurs. L'amitié, le respect des femmes et même de la religion. On passe volontiers du bordel à l'église, et, avec la même facilité déconcertante, des boîtes branchées aux cercles de jeux. Johnny va se reconnaître dans ce monde clairement séparé en deux camps. Noir, c'est noir!

De 1948 à 1970, les Guérini atteignent le summum de leur puissance et de leur influence. Partis de rien, les petits Corses ont fait fortune dans la prostitution et la contrebande de cigarettes. Ils ont conquis la cité phocéenne et leur réussite suscite le respect, sinon l'admiration. Ils traînent une réputation de « parrains ». « Ils font fructifier leurs business occulte en toute impunité », explique une source policière. Malins, les frangins ont également placé quelques billes en politique : ils soutiennent le Parti socialiste, et plus particulièrement Gaston Defferre, le patron de la métropole.

L'âge d'or de la pègre

Pour comprendre l'emprise des frères sur la ville, il faut revenir un peu en arrière. Peu après la Libération, l'État a une dette envers certains réseaux corses, qui ont aidé les mouvements de résistance, notamment en fournissant de la logistique et de faux papiers. En échange de ces services, la police ferme les yeux sur certaines activités opaques. « C'était une époque où les gens gagnaient beaucoup d'argent, le cash coulait à flots, il n'y avait pas d'informatique, d'Internet, de caméras de surveillance, les maisons de tolérance, qui étaient des lieux de prostitution, étaient autorisées. Un vrai âge d'or pour la pègre ! », nous raconte une source policière. Propriétaires des cabarets le Versailles et l'Annabel's Club à Marseille, les frères Guérini fréquentent également les grandes vedettes de la chanson et du cinéma. Chez eux, on retrouve Charles Aznavour, Yves Montand, Lino Ventura, Romy Schneider, et bientôt Johnny Hallyday, comme le racontera l'une des filles Guérini dans un ouvrage retraçant la saga paternelle. Mais nous n'y sommes pas encore tout à fait.

Pour l'instant, chaque fois que le jeune Hallyday rentre à Paris, il se sent en décalage. Notamment avec les autres enfants de l'école, qui ne lui font pas de cadeau. Ses yeux bleu pâle lui valent le surnom de « fils de Boche ». Meurtri par cette méchanceté gratuite, il leur préférera définitivement la rue et ses mauvais garçons.

Fin des années cinquante. Le jeune homme adopte la tenue des loubards : blouson noir, jeans et cheveux gominés. Un look qu'il cultivera toute son existence comme un signe d'appartenance à ces rebelles qui l'ont accueilli. Dans son quartier, entre Pigalle et les Grands Boulevards, il rejoint la bande de la Trinité. Bagarres, larcins, les jeunes voyous que l'on appellent les « blousons dorés », parce qu'ils roulent déjà en Harley-Davidson, affrontent une bande rivale, celle du Sacré-Cœur. D'amitiés adolescentes, la bande devient un mode de vie. Un dangereux bandit, Hallyday adolescent? Pas vraiment, plutôt un type qui joue au dur, pique – selon la légende – quelques Vespa, se bagarre de temps en temps et passe souvent ses nuits dehors. Parfois, la police vient frapper à la porte de sa cousine, tandis que ce passionné de cinéma s'éprend de James Dean et rêve de fureur de vivre…

Des amis « rock'n'roll » sur la Canebière

Quelques années encore et Jean-Philippe Smet, devenu Johnny Hallyday, va retrouver ses tontons d'enfance. C'est ici, à Marseille, qu'il va nouer ses amitiés les plus intrigantes et les plus ambiguës. Les « beaux mecs », comme on les appelle là-bas, traînent un peu partout dans la ville. Ce ne sont pas des truands sanguinaires, plutôt des petits parrains, des macs aux surnoms étonnants. Ces mauvais garçons adorent les acteurs et les stars en vogue. D'ailleurs, ils fréquentent les mêmes lieux, attirés par les paillettes et toute la panoplie qui va avec : les femmes, la flambe et les magnums de champagne. Sur la Canebière, Johnny se sent chez lui. Tout le monde le connaît, tout le monde veut se retrouver en photo avec lui. Une consécration ! « On était en plein dans les années frime, où le fric et le champagne coulaient à flots », se rappelle une source policière. Les Français veulent faire la fête, et les fans adopter le costume ou le déhanché de Johnny. Les plus fortunés s'offrent même une Cadillac semblable à celle de leur idole. C'est un temps aussi où les voyous se prennent pour des stars et les stars pour des voyous. Ils s'assoient souvent à la même table, partagent des soirées très arrosées. Intelligents et bien élevés, « les gens du Milieu considèrent un peu les vedettes comme des guignols. Il en faut un peu plus pour les impressionner », explique un vieux briscard de la PJ marseillaise. Mais ils aiment s'entourer, épater la galerie et s'afficher avec Johnny.

Johnny, le *bad boy*

Le personnage de mauvais garçon qu'il s'est construit fera de lui le grand patron du rock en France. Dans ses tournées, Johnny cultive son look – blouson noir et grosses motos – et chacun de ses déplacements rassemble des centaines de *bikers* qui déclenchent des bagarres pour défendre le nom de leur idole. Johnny lui-même, bien que devenu une vraie vedette, ne perd jamais une occasion de se battre, faisant les choux gras de la presse à scandale et entretenant sa légende auprès des fans. Une image sulfureuse qui met parfois à mal sa carrière. Dans chaque ville où il se produit, les autorités doivent faire face au désordre et à la casse.

L'interprète des « Portes du pénitencier » s'est toujours senti du côté de ceux qui flirtent avec l'illégalité. Il est bien placé pour savoir que le destin tient à peu de chose. À défaut d'être un ex ou futur taulard, le rockeur va chanter en prison. Comme l'une de ses idoles, l'Américain Johnny Cash, qui a tiré deux albums *live* de ces concerts : *At Folsom Prison* (1968) et *At Saint Quentin* (1969). Le premier a même été versé au Registre national des enregistrements de la bibliothèque du Congrès des États-Unis, tant il a valeur de témoignage sur son époque. Johnny ne peut pas en dire autant. Mais, en juin 1974, Hallyday obtient de l'administration pénitentiaire suisse – la française a refusé – l'autorisation de se produire devant des détenus. En sortant du pénitencier de Bochuz, dans le canton de Vaud, il explique au micro de RTL : « Si je n'étais pas devenu chanteur, si je n'avais pas trouvé dans la musique une manière de canaliser ma rage, j'aurais mal fini. Pour moi, c'était la scène ou la prison. » Il évitera la case « prison », mais pas celle des mauvaises fréquentations. Les frères Guérini, entre autres, vont être des amis fidèles jusqu'au bout, et offrir à Johnny les services de leur meilleur élément, un certain « le Noir ».

La légende Robert le Noir

En bons chefs de bande, les Guérini disposaient d'hommes de main redoutables, dont le légendaire Robert le Noir, de son vrai nom Robert Sagna. Surnommé ainsi en référence à ses origines sénégalaises, il va devenir un ami intime de Johnny. Ce grand parrain présumé, qui a fait carrière dans le proxénétisme, est l'un des lieutenants de Mémé dans les années soixante. « Bob » est l'autre surnom de ce héros du Milieu, amputé d'une jambe. Longtemps, une légende aura cours sur la Canebière, qui expliquait que Robert le Noir s'était fait arracher la jambe par une hélice de bateau en sautant dans le Vieux-Port. La réalité est bien moins romanesque : « Il a pris une rafale en s'interposant dans un règlement de comptes pour défendre ses amis », nous raconte José D'Arrigo, journaliste, spécialiste du Milieu marseillais. Robert le Noir finira sa vie en chaise roulante. Mais Bob et Jojo vont nouer une relation très intime.

Comme l'indique une fiche de l'OCRB (Office central de la répression du banditisme) datant de 1986 que nous avons pu consulter, le parrain présumé est né le 13 février 1930 et résidait dans le quartier de Marzagues. C'est aussi le lieu de naissance et le fief de Jean-Claude Gaudin, maire de Marseille depuis 1995. Véritable entité, ce quartier fut même indépendant de la ville de Marseille jusqu'à la Révolution française. Cette fiche de police prouve que, malgré sa proximité avec Johnny Hallyday, son profil intéressait toujours les services qui luttent contre le banditisme et qu'il faisait l'objet d'une étroite surveillance. En effet, la note confidentielle révèle que l'homme devait se rendre aux Antilles. Le préfet Roger Marion, qui connaît le Milieu marseillais, l'affirme : « Ses liens avec Johnny ont fait de lui un homme respecté et respectable, c'était une sorte de juge de paix, il arrangeait tous les coups ! »

Johnny « protégé »

Le point de chute de Robert le Noir à l'époque s'appelle « Le Mas », un restaurant et un bar branché, ouvert toute la nuit, où se rejoignent les noctambules. Un lieu cosy où se rencontrent les couche-tard et les comédiens, l'une des tables préférées de l'acteur Jacques Villeret. Quant à Robert le Noir, « les policiers le soupçonnaient, à ce moment-là, de diriger en sous-main une discothèque du côté du quartier de

Rabatau, dans le VIIIe arrondissement », nous confie Jean-François Barberi, ancien de la brigade des stupéfiants à Marseille.

Les années 1970 vont marquer un tournant dans le Milieu marseillais. Antoine Guérini est assassiné au volant de sa Mercedes en 1967, une information qui fera la une des journaux télé à l'époque. Puis Mémé écopera d'une condamnation à vingt ans de prison. Il mourra à son tour, en 1982, d'une longue maladie. Après la chute des Guérini, Robert le Noir devient l'homme fort du clan Zampa. Lui et ses affidés s'occupent de la sécurité de « Jojo ». Robert le Noir gère tous les déplacements du chanteur. De sa chambre d'hôtel à la loge, de la loge au concert... « Il existe plusieurs façons de sécuriser un concert. Les voyous savaient faire. Marseille a toujours été la chasse gardée d'Hallyday, mais aussi de Charles Aznavour, à cause de son importante communauté arménienne », souligne José D'Arrigo.

« Dès qu'il mettait un pied dans la région, Johnny Hallyday était pris en main par Robert le Noir. Il assurait sa sécurité, mais aussi sa consommation d'alcool. Quand il était ivre, les hommes de main de son ami le portaient jusqu'à son lit, poursuit José d'Arrigo. Il traînait avec la pègre pour être protégé. Et il l'a été, dans les règles de l'art », conclut-il. Et Dieu sait que Johnny avait besoin d'une protection : il avait le don de se mettre dans des situations impossibles.

Un faible pour les femmes de voyous

« Un jour, j'ai reçu des coups de feu mais je ne sais pas ce qui s'est passé, j'ai appelé le Noir, j'en ai plus jamais entendu parler », confie Johnny Hallyday dans une interview à *La Provence*. Si le chanteur ignore les raisons de cette tentative de règlement de comptes, les raisons ne semblent pourtant pas manquer. Si l'artiste se moque des affaires et des histoires d'argent dans le Milieu, il s'intéresse en revanche aux femmes. Un ancien, l'un des rares survivants de la French Connection, le confirme : « Il a toujours eu un faible pour les voyous, et les femmes de voyous. » Auparavant, cette gueule d'ange s'attaquait aux compagnes de ses copains. C'est ainsi qu'en 1963, il chipe Sylvie Vartan à Jean-Jacques Debout, avant de lui proposer de se fiancer à Marseille, en présence de Mémé Guérini. Si Debout n'a pas réagi, les hommes de la pègre, eux, se montrent bien plus susceptibles, comme en témoigne une énième mésaventure amoureuse…

Lors d'une tournée dans le sud de la France, Johnny séduit la petite amie d'un caïd, dans une boîte de nuit de Montpellier, et la ramène à Marseille. Le voyou notoire, honteusement « planté », rapplique dare-dare dans la cité phocéenne et met un contrat sur la tête de l'idole nationale. Par chance, ses « amis » du Milieu arrangeront le coup, sauvant la peau de Johnny. On ne touche pas à Hallyday !

Si les caïds protègent leur idole, il est plus rare que des policiers les imitent, et agissent de leur propre chef sans être rémunérés. Début juillet 2003, Johnny se produit à Lyon, au stade de Gerland. Il loge alors à l'hôtel Sofitel, sur les berges du Rhône. Quelque trois kilomètres et une bonne dizaine de minutes séparent ces deux lieux. Impossible que le roi du rock les parcoure sans escorte. Plus que tout autre, il en est conscient et sans que personne ne sache exactement comment, il va réussir à se faire accompagner par deux flics de l'ex-DST... sans que leur hiérarchie soit au courant. L'un effectue le trajet en voiture, l'autre à moto; tous gyrophares allumés. Les policiers et le préfet qui racontent cette anecdote sous couvert d'anonymat n'en reviennent toujours pas. En général, ces fonctionnaires se montrent d'une extrême prudence. Ils n'agissent jamais sans autorisation, surtout pour assurer la protection d'un VIP. Dès que les supérieurs de ces anciens de la DST ont eu vent de la nouvelle, ils ont convoqué les contrevenants qui ont écopé d'un avertissement. Une sanction qui se trouve, sans doute, largement compensée par le fait d'avoir pu donner un coup de main à leur idole. Il y a des souvenirs qui n'ont pas de prix...

Le cœur des hommes

Par un après-midi ensoleillé à Paris, nous rencontrons un homme qui a suivi de près la carrière du chanteur et ses fréquentations troubles. Il s'agit de l'un de ses intimes. Journaliste, homme de radio mais aussi ancien gérant du Martin's, une discothèque très fréquentée, du côté du bois de Boulogne, Sam Bernett nous accueille dans son fief parisien, non loin de la place Monge. Il nous attend à la terrasse d'un restaurant.

Sam Bernett accepte de se mettre « à table » et de nous raconter *son* Johnny. Un honneur, car l'homme n'est pas loquace en principe. S'il adore partager ses souvenirs, il s'est toujours refusé à se rendre sur les plateaux télé pour commenter les histoires liées à l'héritage. Comme si Johnny le surveillait, de là-haut. L'ami de toujours considère, avec beaucoup de pudeur, que les affaires de famille ne s'étalent pas sur la place publique. Ses anecdotes, loin des histoires de notaire, sont passionnantes.

À 73 ans, Bernett, qui est passé par le *New York Times*, Europe 1 et a fondé la radio RFM, se souvient de ses virées folles avec le Taulier. Vieux briscard, il a lui aussi connu le monde du rock, de la pègre et du show-biz. Le journaliste a suivi le chanteur dans ses tournées pendant vingt ans, notamment à l'époque du Johnny Circus.

L'homme de radio se remémore d'abord ces noubas à Marseille avec Robert le Noir. « Dès qu'on arrivait, il était avec nous », précise-t-il. La bande des trois – Bob, Johnny et Sam – était presque inséparable. « Une équipe soudée, loin des pique-assiettes, explique-t-il. Robert le Noir l'a sorti à plusieurs reprises de situations très délicates. Il l'a réellement protégé. » Bernett cite par exemple un concert en 1972, dans le nord de la France cette fois, auquel Robert le Noir assistait : « Je voyageais tout le temps avec eux dans la voiture, Robert m'adorait. » Un jour, il demande d'ailleurs à Bob ce qu'il était arrivé à sa jambe : « Il m'a répondu, avec une ironie mordante : "Un accident du travail" ! »

L'affaire des bijoux

Lors d'un concert où devait se produire Sylvie Vartan, Sam Bernett revient sur une autre anecdote qui confirme la toute-puissance des amis de Johnny et la protection dont il faisait l'objet. Dans les années soixante, les deux idoles de la génération yéyé ont leur habitude dans un palace marseillais dans un quartier situé derrière la Canebière. Arrivée à l'hôtel avec Johnny, la chanteuse donne ses bagages à la réception tandis que Robert le Noir salue ses invités de prestige. Soudain, Sylvie s'aperçoit que sa mallette, remplie de bijoux, a disparu. On la lui a dérobée dans le hall de l'hôtel. Affolé, le couple appelle Bob à la rescousse. Sylvie souhaite contacter la police. Le Noir, très calme, lui répond alors : « Va chanter, je m'occupe de tout. »

Une fois l'artiste montée sur scène, l'ancien homme de main des Guérini passe quelques coups de fil et fait fonctionner ses réseaux. Trois heures plus tard, un homme rapporte les bijoux ! Sylvie vérifie. La plus grande partie des pierres sont là mais, surprise, il manque l'anneau d'une bague de chez Cartier. Le truand lui fait alors comprendre, avec une déconcertante décontraction, qu'il a bien fallu donner un pourboire à celui qui est allé chercher le paquet...

En réalité, des « connaissances » du gangster sont parties récupérer le larcin dans les petites ruelles du Panier. À l'époque, ce quartier historique et populaire n'a rien à voir avec la carte postale présentée par la série *Plus belle la vie.* Il s'agit d'un véritable coupe-gorge, une base arrière pour le Milieu. « Ce n'était pas aussi beau qu'aujourd'hui, c'était plutôt un quartier de malfrats ! Je suppose que les bijoux de Sylvie ont été retrouvés là-bas chez un receleur… La tête qu'il a dû faire, quand il a appris que le couple était sous la protection de Robert ! », plaisante un ancien de la BRB de Marseille autour d'un pastis sur le Vieux-Port.

Peltier et la bande de la banlieue sud

Paris n'est pas en reste, où une autre grande figure de la pègre va s'afficher régulièrement au côté de la star. De son vrai prénom Guy, « Titi » Peltier a grandi en banlieue. Casse, cambriolage, c'est un touche-à-tout, qui ne fait que des gros coups, et si possible sans se salir les mains. Plus jeune, il s'était spécialisé dans les enlèvements et les demandes de rançon, avec la redoutable bande de la banlieue sud.

Michel Ardouin, une figure du Milieu, plus connu sous le nom de « porte-avions », surnom que lui avait donné Jacques Mesrine en personne, présente Peltier comme un titi parisien des années 1960, propre sur lui et la tête dure. « Ni gitan, ni montreuillois », précise sa biographie. « C'est un homme en marge du Milieu », confirme l'homme à la carrure impressionnante. Il le décrit comme drôle, facétieux et roublard. Johnny adorait sa compagnie. Moustache et sourire aux lèvres, il s'affichait volontiers sur les photos un verre à la main à côté de son ami Carlos. Il était tout à la fois Jekyll et Mr Hyde, d'un côté un redoutable criminel, de l'autre un homme attachant, qui se marre…

Chapeau melon, costume impeccable, dégaine assurée, Titi Peltier ressemble d'abord à un personnage de roman. Issu d'une famille nombreuse d'origine savoyarde, « l'homme d'affaires » grandit à Drancy et perd très vite sa mère, avant de devenir l'un des gangsters les plus fascinants des années soixante-dix. La disparition de sa génitrice le rapprochera de Johnny, l'homme sans père. Cet autre ami est l'incarnation des voyous proches du monde du spectacle : un peu *bikers*, beaux parleurs et beaux mecs, fascinés par le show-biz. Mais Titi n'est pas pour autant un tendre. « Il faisait trembler tout le monde. C'était un véritable caïd sans foi ni loi, le genre de tête brûlée à la gâchette facile », nous raconte un ancien de la BRB. À cette époque, cet homme au bagout incroyable côtoie tout le gratin du Milieu : les frères Leclerc, Daniel Abramovitch, dit « le Russe », du beau monde. Pour certains, ils se connaissent depuis le quartier des mineurs de la prison de Fresnes. « Ce mec était une racaille, une véritable épée. Intransigeant ! », poursuit l'ancien briscard de la BRB parti à la retraite. Johnny va l'apprendre à ses dépens.

La belle histoire de Coco

En 1981, Babette Étienne est une ravissante jeune femme de dix-sept ans. L'archétype du mannequin en vogue dans les années 1970, celui que tout le monde s'arrache. Avec son allure à la Simone Signoret, elle fait craquer Johnny lorsqu'il croise sa route, un soir de tournée. Sauf qu'elle n'est pas vraiment libre. Elle est même la petite amie d'un proche de Titi Peltier :

Coco. Une fois de plus, le chanteur ne va pas se priver. Il vole la petite amie de l'ami de son ami...

La suite, on la connaît: Johnny épouse Babette à Los Angeles, avec notamment Pierre Billon comme témoin. Mais ce que l'on sait moins, c'est que cette *love story* a failli très mal se terminer. Quand il apprend la nouvelle, de rage Titi Peltier renverse une table. Le chanteur n'a pas volé la femme d'un gros dur qui cherche à se venger, mais celle d'un brave type, d'un ami fidèle de Titi. Presque un frère. Et, dans le Milieu, on ne touche pas à la famille! Encore moins aux femmes. Coco, plus fasciné par les fastes que par le crime, par la flambe que par le sang, sombre dans la dépression. Peltier décide d'intervenir fermement: Johnny a «déconné» sévère et il le sait!

Titi commence par faire savoir dans tout Paris que la vedette va payer pour sa mauvaise conduite. Recherché par l'un des plus gros truands de la capitale, le rockeur se terre, par peur des représailles. C'est Alan Coriolan, son garde du corps et ami, qui sauvera Johnny. L'homme obtient de Titi Peltier qu'il rencontre la vedette, pour qu'ils se parlent. Plusieurs protagonistes présents à ce rendez-vous secret ont raconté avoir vu Peltier secouer l'artiste et lui souffler dans les bronches. La star a eu la peur de sa vie. Pendant deux mois, il a vécu recroquevillé, dans la crainte d'être «puni». Alors pour se faire pardonner, comme souvent dans ce type de situations, il donnera de l'argent. Le chanteur offrira même un tour du monde à Coco et Élisabeth...

Titi et « l'Immortel »

Mais la belle histoire ne s'arrête pas là. Johnny prendra Coco sous son aile et lui offrira un travail de technicien dans ses concerts. Les deux anciens rivaux ne se sont ensuite plus jamais quittés. L'ancien petit ami « volé » coule aujourd'hui une retraite paisible, qu'il a interrompue pour se rendre à l'enterrement du chanteur. Coco était visiblement très marqué par la perte de son ancien ami et patron.

Dans une interview accordée à *La Provence*, Johnny affirme, à propos des voyous : « Il ne faut pas leur demander de service. Parce qu'après, vous leur en devez un. Il faut le savoir, c'est la règle du Milieu. C'est pourquoi nous étions amis, mais ça s'arrêtait là, ils ne m'aidaient pas. » De simples mots. Car à partir de l'épisode Babette, qui a failli tourner au drame, il semble que Johnny soit juste devenu plus méfiant. Il comprend qu'à Paris, en l'absence des Guérini et de Robert le Noir, il faut qu'il s'attache les services de Titi. Il lui offre d'abord un aigle en or, que l'homme de main portait en pendentif, telle une médaille de guerre. Et surtout, en 1986, il cède au caïd, qui veut s'occuper de la sécurité durant ses concerts. Une prise de contrôle peu appréciée des *bikers* responsables jusque-là de ces questions. Eux sont capables de déployer des milliers d'hommes en quelques coups de téléphone, mais Titi possède des armes en quantité. La solution s'impose d'elle-même : ils se doivent d'allier leurs forces. Désormais, les spectacles seront sécurisés par les *bikers* et les bandits.

Une collaboration entre les Angels et les amis de Peltier qui perdurera, malgré sa disparition mystérieuse, cette même année. Alors qu'il se rend à un rendez-vous secret dans un bar, Titi aurait été victime d'un assassinat bien orchestré, et son corps aurait été dépecé pour être enterré dans les environs d'Aubervilliers. Johnny, qui s'était attaché à ce personnage énigmatique, en gardera une profonde blessure.

Il sera également très touché par la disparition d'Alan Coriolan, des suites d'un cancer, en 2015. Ce garde du corps, également l'ami de Jean-Paul Belmondo, lui avait sauvé une seconde la fois la vie. Un soir, dans un bar, à Grenoble, il s'était jeté sur l'artiste pour lui éviter de recevoir un coup de couteau. Johnny lui en était très reconnaissant. « Au revoir, Alan, je ne t'oublierai jamais », a-t-il écrit sur son compte Twitter, le jour de la mort de ce vieux compagnon de route.

Et n'oublions pas « Jacky le Mat », aussi surnommé « le Pacha » ou « l'Immortel ». Un voyou, un vrai, qui a inspiré tant de rôles à Alain Delon... Jean Reno a même campé son personnage dans un film. Quand il se reconnaît, Jacky Imbert, de son vrai nom, doit bien s'amuser. C'est un vieux de la vieille, âgé aujourd'hui de 88 ans, qui s'est acoquiné au chanteur dans les années 1970. Jacky était un très proche de Zampa, lui-même très proche de Robert le Noir. Sacré personnage, et un vrai miraculé ! En 1977 à Cassis, un commando lui tombe dessus pour l'assassiner. Criblé de balles, il est donné pour mort quand il arrive à l'hôpital de la Timone, à Marseille. Mais contre toute attente, ce dur à cuire survivra. Et deviendra pour tous l'Immortel. Après que les médecins lui auront retiré vingt-deux projectiles du corps, il lâchera, avec son humour légendaire : « Quand on veut descendre quelqu'un, on attend qu'il soit descendu de voiture! »

Des intérêts réciproques

Hallyday a toujours été fier de ses amis du Milieu. Il ne leur a jamais tourné le dos. Au contraire, il ne manquait jamais une occasion de les féliciter, de leur rendre hommage. Ainsi, Jean-Benoît Vion, journaliste RTL marseillais, nous narre cette anecdote qui révèle l'admiration que Robert le Noir et Johnny ressentaient l'un pour l'autre. En 1983, lors d'un concert au parc Chanot, à Marseille, Hallyday lui offre une *standing ovation*. « J'ai un ami intime au premier rang à qui j'aimerais rendre hommage », lance chaleureusement « Jojo » à son vieux pote, qui se reconnaît, assis effectivement parmi les places d'honneur, dans son fauteuil roulant. Dix ans plus tard, Robert le Noir le quittera à son tour.

Au fil de sa carrière, le père de Joy et Jade témoignera d'un respect inchangé pour l'univers des voyous. Alors qu'il tient le premier rôle de *Vengeance*, un film de gangsters réalisé par Johnnie To et sorti en 2009, il se livre sur le plateau de *Ce soir ou jamais*, émission animée par Frédéric Taddeï sur France 2 : « Pendant très longtemps, j'ai eu un ami qui s'appelait Robert le Noir, qui était mon protecteur, qui était dans la mafia. [...] Quand j'avais des ennuis avec des gens du Milieu, c'est quelqu'un qui m'a toujours arrangé le coup. » Et lorsque le nom de Mémé Guérini arrive sur la table, Johnny affirme à nouveau sans hésiter : « Il était un peu mon parrain. »

Tout au long de sa carrière, Johnny naviguera ainsi entre le show-biz, les voyous et parfois les hommes politiques. Comme s'il comprenait qu'il appartenait à tous ces mondes à la fois. Peut-être aussi parce que les voyous et Johnny partageaient le sentiment que « tout peut s'arrêter ». L'un pouvait se faire descendre lors d'une vendetta, l'autre par une critique, leurs carrières tenaient à peu de chose. C'était à la fois des taiseux et de bons vivants qui aimaient vivre dangereusement. Pour cette génération façonnée par *La Fureur de vivre*, *Rocco et ses frères* – voire *Les Tontons flingueurs*, il faut bien rire quand même –, exister c'était aller au bout de soi-même. « L'aventure, c'est l'aventure », affirmait Claude Lelouch, dans son célèbre fim mettant en scène le quotidien d'une bande de voyous parisiens dans les années 1970. Johnny y campait son propre personnage. Plus qu'un rôle, un projet de vie.

9

Laeticia

Laeticia Hallyday descend l'escalier, un peu surprise de voir du monde dans son salon. L'invité, une bouteille de vin à la main, lui explique que son mari lui a demandé de passer. La maîtresse de maison lui répond : « Tu le connais, il fait toujours ça pour avoir du monde. Comme ça, il peut se coucher plus tard. Depuis son opération de la hanche, il a besoin de beaucoup de sommeil... » En haut, une voix résonne : « Laeticia ? Tu parles à qui ? » Lorsque Johnny entend le nom du convive, le chanteur répond : « Qu'est-ce qu'il fait là ? » Johnny apparaît alors au balcon et salue son hôte, sur les accords de « Allumer le feu ». Il est en peignoir et descend l'escalier. Laeticia en profite pour cacher la bouteille. Hallyday chute dans l'escalier, puis se relève comme si de rien n'était, s'exclamant : « Rock'n'roll ! ». Il insiste alors pour boire un verre, encore et encore. Il insiste aussi pour que son ami fume avec lui une cigarette. « J'essaie d'arrêter de fumer, surtout pour faire plaisir à Laeticia ! » Tandis que son hôte s'éclipse, Hallyday l'interpelle : « Jérôme, Jérôme ! Reviens me chercher dans une heure, je t'attendrai au bout de la rue, on ira boire un coup… »

La vie avec Johnny

Jérôme se prénomme Guillaume. Cette scène tirée du film *Rock'n'roll*, de Guillaume Canet, sorti en salles le 15 février 2017, résume bien, à croire ceux qui l'ont côtoyé, le quotidien du couple. Le chanteur se trompait souvent de prénom avec ses interlocuteurs. À la télévision, on l'a entendu citer « Zazie », comme la chanteuse, au lieu de Zizou (Zidane), lorsqu'on lui demandait s'il connaissait les footballeurs de l'équipe de France. Il lui est aussi arrivé, lors d'interviews, de confondre la Paf (Police de l'air et des frontières) avec la Ddass (Direction départementale des affaires sociales et sanitaires) en évoquant l'adoption de ses filles Jade et Joy. Et de lancer sur scène, à Saint-Étienne : « Bonsoir, Clermont, ça va ? Quelle joie d'être avec vous ici ce soir à Clermont-Ferrand ! »

Johnny Hallyday aimait veiller. Il appelait ses amis tard dans la nuit, pour qu'ils se retrouvent chez lui ou chez eux. Pour discuter, un peu. Pour boire des coups, surtout. Et Johnny était souvent saoul. « Une fois ivre, il lui arrivait d'être méchant, mauvais avec ceux qui l'entouraient » raconte l'un de ses anciens collaborateurs. « Le lendemain, il ne s'excusait jamais. Lorsqu'il s'était mal comporté un soir avec quelqu'un lors d'une tournée ou d'un tournage de film, celui qui avait été agressé trouvait un beau cadeau dans sa chambre d'hôtel. Sans un mot, mais il se doutait que cela venait de Johnny. »

L'alcool l'a accompagné une grande partie de sa vie. « Il lui est même arrivé de tomber en studio, alors qu'il était en train d'enregistrer une chanson », se souvient cet ancien proche. Et, pendant des décennies, il a fumé plusieurs paquets de Gitanes sans filtre par jour, sauf quand il était très malade, à la toute fin. Il en dissimulait des paquets un peu partout dans ses différentes résidences. Dans *Rock'n'roll*, film où le couple Hallyday joue son propre rôle, Guillaume Canet avait donc vu juste.

Romance à Paris

Elle a à peine vingt ans, il est quinquagénaire. Laeticia Boudou n'est alors personne en France, Jean-Philippe Smet y est Johnny Hallyday depuis au moins trente-cinq ans. Après leur toute première rencontre, à Miami, Johnny doit retourner à Paris au bout de quatre jours. Ils restent en contact, en s'envoyant des fax, s'écrivent. Puis Johnny lui demande de la rejoindre à Paris. André Boudou n'est pas ravi, et lui prend un billet aller-retour. Elle n'utilisera jamais le retour.

À Paris, Johnny l'emmène dîner dans les plus grands restaurants, lui en met plein la vue et active ses réseaux pour l'installer à la même table que son copain Jean-Paul Belmondo.

Laeticia, qui a surtout grandi dans le sud de la France puis en Floride, découvre celles et ceux qui gravitent autour de lui. Elle s'installe dans son appartement, s'occupe de la décoration. La presse s'intéresse de près à la nouvelle fiancée du chanteur.

On s'interroge surtout sur la façon dont la jeune femme fait face à l'entourage de Johnny, réputé envahissant. Laeticia affirme alors faire le tri, ne pas lui imposer ses amis, être la plus conciliante possible avec cette drôle de faune. « Je suis gentille avec tous, mais je sais faire la différence entre ceux qui sont bien et ceux qui ne le sont pas. Pourtant, je garderai toujours le sourire, je ne dirai jamais de mal de ceux qui l'entourent. Je ne veux pas l'ennuyer. Je ne tiens pas à lui imposer mes amis, il a les siens[1]. »

Bref, la jeune femme reste à sa place, tout en découvrant les avantages et les inconvénients de la situation. Elle fait aussi l'apprentissage de l'existence avec une star, qui ne peut pas mettre les pieds dehors sans être abordée par les fans, tout en étant sans cesse photographiée. Une drôle de vie, où le comportement du public peut être parfois agressif, violent. Dans les premiers temps de leur relation, elle se fait même parfois invectiver par le public lors des concerts de Johnny, perçue comme une passade, sortie de nulle part, seulement intéressée par le statut de vedette et la fortune de son compagnon.

Laeticia mettra du temps à s'habituer. Leurs moindres faits et gestes sont scrutés, commentés. Le personnage de Johnny Hallyday n'existe que par l'adulation, et l'idole ne peut pas rester une idole dans l'ombre, s'il se cache de la foule. Très vite, ils repartent pourtant à Miami, loin des critiques et des regards.

1. *Paris Match*, 23 novembre 1995.

En Floride, André Boudou leur trouve une villa sur Fisher Island, l'île des milliardaires. Il procure également à son futur gendre un yacht, le *Wild Eagle II*, amarré au ponton de la propriété. Ils fêtent là-bas le début de l'année 1996 et partent en croisière une dizaine de jours au Bahamas. Mais le voyage est écourté le 26 janvier 1996 par l'annonce la mort de Gil Paquet, un ancien para que Johnny avait croisé pour la première fois en 1962. Il faut rentrer à Paris pour les funérailles.

Le coup est dur. Gil Paquet cumulait en effet les titres d'attaché de presse, d'homme d'affaires et d'homme à tout faire pour Hallyday. Il l'avait accompagné pendant plus de trente ans, faisait partie de la famille. Sa présence était à la fois rassurante et indispensable. En ce moment à la fois de deuil et de doute, Laeticia est là, à ses côtés.

Un mariage surprise

Le mariage a lieu le 25 mars 1996, à Neuilly-sur-Seine, un an après leur rencontre en Floride. Quelques jours avant la cérémonie, Laeticia a découvert qu'elle allait se marier… par la presse. En week-end à Saint-Tropez, alors qu'elle se promène sur le port, la jeune femme voit alors la couverture d'un magazine qui annonce la noce, la liste des invités, le nom des témoins, et même le couturier qui a conçu sa robe… Elle n'était pas au courant et le mariage est annoncé pour dans trois jours. Tout le monde le sait, sauf elle. Hallyday a voulu lui faire une surprise, mais la nouvelle a fuité. Autour de Johnny, il est difficile de garder le secret.

Le jour J, Nicolas Sarkozy, alors maire de Neuilly, lance aux mariés : « Johnny est entre de bonnes mains, dans les vôtres. Il faudra de votre part beaucoup de douceur, beaucoup de tendresse, un petit zeste de fermeté. » Dans la mairie, tout le monde rigole. Mis à part quelques membres de la famille de Laeticia, Johnny n'a invité que des amis à lui : les témoins, le couturier Jean-Claude Jitrois et le journaliste Guillaume Durand, son producteur Jean-Claude Camus... La noce à peine achevée, Johnny et Laeticia montent dans un avion. Le soir même, il doit chanter à Cahors, puis le lendemain à Toulouse. Laeticia encaisse, encore avec le sourire.

Désormais, elle est mariée à un homme de vingt-huit ans son aîné. « Hallyday a toujours aimé les femmes plus jeunes que lui, affirme un ancien collaborateur. Il a toujours eu en tête cette image du rockeur avec, au bras, sa petite pépée. Pour lui, ça faisait partie du cliché. » Laeticia a toujours expliqué que cette différence d'âge la laissait complètement indifférente. Son père André n'a pas de leçon à donner en la matière, lui-même en couple à l'époque avec une femme plus jeune. En revanche sa mère tique. « Elle n'a pas accepté notre relation. Elle m'a tourné le dos pendant six mois. Ce n'était pas quelqu'un pour moi, disait-elle. Son passé lui faisait peur[1]. » Finalement, Françoise Thibaut se

1. *VSD*, 4 avril 2007

ravise. Néanmoins, vivre avec Johnny Hallyday demande des sacrifices, beaucoup de sacrifices.

Cuisine et cinéma

Johnny a un passé, plusieurs familles, une foule d'ex-femmes et d'ex-petites amies. Autour de lui, il y a cette cour de copains et de pique-assiettes avec qui il faut composer. Il ne reste pas beaucoup de place sur la photo. De plus, Johnny est à son aise dans cette cour, il s'amuse depuis toujours à dresser les uns contre les autres, se réjouit de les voir se disputer ses faveurs. « C'était sa façon de fonctionner, confirme un ancien membre du tout premier cercle. Il aimait voir les gens se disputer autour de lui. Il jetait de l'huile sur le feu, et comptait les points à la fin. Il exigeait une loyauté sans faille. Pour lui, un vrai ami était celui qui pardonne tout, même l'impardonnable. Il disait: “Un ami te donne raison, même quand tu as tort!” »

Un autre de ses anciens collaborateurs voit en lui un personnage qui exige une disponibilité totale de son entourage et qui le manipule à sa guise. Reste que Johnny Hallyday était une star, qu'il se pensait à part et se comportait en conséquence.

La seule solution offerte à Laeticia pour survivre à ses côtés consiste à se rendre indispensable. Tout d'abord effacée, elle va peu à peu prendre de plus en plus de place, et trouver la sienne. Hallyday est une fine gueule qui aime fréquenter les plus grandes tables ? Elle va le satisfaire en effectuant des stages chez les meilleurs cuisiniers et organiser à leur domicile de somptueux dîners. « Johnny nous appelait pour nous inviter en vantant ses petits plats. Il était très fier de sa femme, et c'est vrai que Laeticia est une maîtresse de maison très attentionnée, rarement prise au dépourvu », se souvient un ancien proche de la famille. *Exit* les cuisinières chez Johnny, Laeticia est la reine de ses fourneaux. Elle lui prépare même systématiquement de quoi se sustenter la nuit, en lui laissant quelques plats à disposition en cas de fringale nocturne. « Pour fonctionner correctement, un couple se trouve des points d'intérêts en commun, raconte un copain du chanteur. Entre Johnny et Laeticia, il y avait avant tout la bouffe, surtout la bouffe. C'était, entre eux, un sujet de conversation permanent. »

En mars 1997, le couple annonce qu'il prend un congé sabbatique, sur un yacht baptisé *Only You*. Laeticia tire de ces cinq mois passés en mer un livre, qui sort au printemps 1998. Intitulé *Mes îles, mes rêves*, l'ouvrage reprend le journal de bord de la croisière, avec des photos d'escales en Guadeloupe, à Porto Rico, Cuba, Saint-Barthélemy, Sainte-Lucie... On y trouve aussi des photos de Johnny en compagnie d'amis de passage (Gérard Depardieu, Guillaume Durand, Caroline Barclay), une liste de bonnes adresses et... des recettes de cuisine exotique. Laeticia confesse alors ses envies d'exister professionnellement. Pourquoi pas en jouant la comédie ? En revanche, elle précise qu'elle ne veut surtout pas jouer dans un film qui soit lié à sa vie de couple, et encore moins dans une série télé à l'eau de rose. Vingt ans plus tard, Laeticia Hallyday est apparue dans deux films : *Rock'n'roll*, de Guillaume Canet, où elle tenait donc son propre rôle, au côté de son mari, et *Jean-Philippe*, de Laurent Tuel, sorti en 2006. Elle y joue le rôle d'une cliente d'un bar où le personnage qu'interprète Johnny chante « L'idole des jeunes »... À la télévision, elle est apparue dans la série *J-60* cinq jours par semaine sur France 2 du 16 avril au 15 juin 2003. *J-60* n'est pas vraiment une série, plutôt un programme de téléréalité relatant le mois précédent et les préparatifs des concerts de Hallyday au Parc des Princes à Paris, à l'occasion de son soixantième anniversaire. Laeticia y apparaît, en tant que Laeticia.

Jean-Philippe Smet a inventé sa vie, créant de toute pièce ce Johnny Hallyday auquel il a voué toute son existence. Pourquoi Laeticia ne ferait-elle pas de même ? Au tout début de leur relation, elle défile une fois à Paris pour le couturier Léonard. À l'époque, elle fait savoir qu'elle a eu une vraie vie professionnelle avant Johnny : « Avant de connaître Johnny, j'existais par moi-même. Depuis cinq ans, je travaille à Miami. Je tourne des spots publicitaires pour les chaînes de télévision américaines et brésiliennes et fais la promotion de savons, de shampooings, de crème comme Nivea, Mustela Bébé... [...] Par le passé, cela m'a permis de travailler des mois non-stop quasiment depuis que j'ai quatorze ans. Je gagnais beaucoup d'argent. J'ai tout arrêté pour privilégier ma vie de couple[1]. » Problème : il n'existe, à l'heure d'Internet et de YouTube, aucune trace de ces pubs. Son père André Boudou raconte : « Je ne me souviens pas de ces publicités... Laeticia avait effectivement fait un book

1. *Paris Match*, 23 novembre 1995.

avec un photographe, mais ce n'était qu'un projet. Si elle ne s'était pas marié avec Johnny, peut-être serait-elle devenue mannequin. » Qui sait ? Pendant toute la durée de sa relation, cela a été son éternel problème : comment exister en tant que Laeticia dans la galaxie Hallyday ? Alors, autant s'épanouir à ses côtés, plutôt que dans son ombre.

Exister à tout prix

En épousant Johnny, Laeticia s'est retrouvée entourée d'artistes, et pas n'importe lesquels : l'aristocratie du show-business français. Outre les ex-femmes de son mari, la chanteuse Sylvie Vartan et l'actrice Nathalie Baye, ses beaux-enfants sont également des artistes : David est musicien, Laura est actrice. Elle est aussi capable de prendre le micro, comme elle l'a prouvé en 2010 avec « On se fait peur », en duo avec David. Un ancien membre de l'équipe artistique de Johnny se souvient : « Au millieu des années 2000, Laeticia a commencé à avoir des idées pour la carrière de Johnny. Elle a même essayé de chanter. On a enregistré un duo, une reprise d'"Imagine" de John Lennon. Johnny n'était pas vraiment convaincu, mais ça faisait plaisir à sa femme. » Le single sort en 2006 au profit de l'Unicef, et l'essai ne sera pas reconduit.

Avant la sortie du double album À la vie à la mort, le 4 novembre 2002, il faut choisir un premier single à envoyer aux radios qui annoncera le disque. « Laeticia ne voulait pas de "Marie", écrit et composé par Gérald de Palmas. Elle préférait "Ne reviens pas", signé Philippe Djian et composé par Stephan Eicher. »

Finalement, la maison de disques Mercury-Universal obtient gain de cause. « Marie » sort le 21 octobre 2002 et devient le titre le plus vendu de toute la carrière de Johnny Hallyday, avec 1,4 million d'exemplaires écoulés. Tout le monde peut se tromper, et ça n'a pas empêché Laeticia de devenir officiellement la directrice artistique de son mari – seulement de l'image, pas de la partie musicale – durant les dernières années de sa carrière. Et peu importe les avis professionnels des uns et des autres. Elle sert de filtre entre Johnny et le monde extérieur, d'assistante personnelle au sens très large du terme.

De son vivant, Hallyday interdisait à quiconque de la critiquer, sous peine d'exclusion immédiate de son cercle d'amis. « Un mot déplacé sur Laeticia suffisait à signer son arrêt de mort, se souvient une amie du couple. Johnny poussait même parfois le vice en provoquant des discussions sur sa femme pour voir qui lui était fidèle et qui ne l'était pas, comme par jeu. Elle regardait dans les portables pour écouter les messages et lire les SMS, puis rapportait à Johnny qui avait dit quoi, qui avait écrit quoi. Puis ils prenaient une décision. C'est de cette façon que leur couple fonctionnait avec leurs amis. Il fallait l'accepter, ou dégager. » De fait, Laeticia ne s'est pas fait que des alliés lors de ses vingt-deux ans de mariage – et de complicité – avec Johnny. Pour le pire, et pour le meilleur.

Terre brûlée

Le 15 juin 2003, Johnny fête ses soixante ans au Parc des Princes. La période est agitée pour le chanteur, entre son association avec son beau-père André Boudou, pour l'ouverture à Paris de la discothèque l'Amnesia, et une accusation de viol, qui se conclura cinq ans après par un non-lieu. « C'est un vrai tournant dans leur relation, explique un proche. Lors de l'affaire du viol, Laeticia a été entendue par la police pour disculper son mari et s'est sentie humiliée. On aurait du mal à lui en vouloir, d'ailleurs... À partir de là, tout le monde a senti qu'elle resterait jusqu'au bout mariée à Johnny. Et à ses conditions. »

Le 17 juillet de la même année, la cousine Desta publie une lettre ouverte. La même Desta qui a recueilli Johnny à la naissance et qui, avec sa mère, Hélène, l'a élevé. Extraits : « Pour la toute première fois de ma vie, je n'ai pas été invitée officiellement à tes concerts [...]. Le 15 juin, le soir de ton anniversaire, les trois premiers rangs de la tribune présidentielle étaient tous occupés par le clan Boudou, chouchouté par Laeticia. Pire, David et Laura étaient relégués plus loin [...]. Elle n'a en outre aucune légitimité à se faire appeler Laeticia "Hallyday". Son nom de femme est Smet. Ce nom, Hallyday, nous appartient à Lee et à moi. C'est un nom d'artiste que nous avons rendu célèbre. Et puis à toi, Johnny, qui l'a emmené encore plus haut. Seul David en est le digne héritier. Quant à Laura, elle a tenu à garder son vrai patronyme de Smet [...]. Je sais qu'un jour ou l'autre, prochain sans doute, je serai définitivement écartée. »

Desta a été, en effet, écartée. Le 24 janvier 2004, elle vendait aux enchères ses objets personnels chez Artcurial, à Paris : guitares, disques d'or, 45 tours... La cousine de Johnny Hallyday déclarait qu'elle avait dû se séparer de ses souvenirs « contrainte et forcée ». Elle poursuivait : « Imaginez le choc que j'ai reçu le jour de Noël, quand est arrivé un fax chez mon avocat, m'indiquant que Johnny me sucrait la pension alimentaire de 1 524 euros qu'il me versait mensuellement. Je ne comprends pas ce qui se passe, les ponts sont coupés[1]. » La vente aux enchères a rapporté 36 336 euros à Desta. À la fin de sa vie, la vieille dame, végétarienne, allait tous les jours aux Boucheries Nivernaises, dans le VIIIe arrondissement, acheter 150 grammes de viande pour son chat. À Maurice, installé derrière son comptoir, elle répétait souvent que sa « femme préférée de Johnny, c'était Nathalie Baye ». Elle est morte le 21 juillet 2011, atteinte de la maladie d'Alzheimer.

Une nouvelle famille

Si Laeticia coupe parfois les ponts, il lui arrive aussi d'en lancer, d'en construire. On le sait, Johnny n'a pas été élevé par sa mère. Avec celle qui se prénommait Huguette, il avait des relations en pointillé, ne l'ayant jamais perdue de vue sans pour autant avoir renoué le contact. « Elle était gauche avec moi, elle voulait m'enlacer, mais elle ne savait pas s'y prendre, raconte-t-il[2].

1. *Agence Associated Press.*
2. Johnny Hallyday, Amanda Sthers, *Dans mes yeux*, *op. cit.*

C'était tabou de parler de ma mère quand j'étais petit. Je ne prononçais pas son nom, Huguette. Ni Huguette, ni maman. Je l'ai tu. Elle ne me manquait pas, je ne lui en voulais pas, parce qu'elle n'existait pas. D'ailleurs, elle m'avait rendu invisible, rayé de ses souvenirs, oublié jusque dans son ventre.»

Sa mère avait refait sa vie. Dans ses mémoires, *Lee Hallyday raconte Johnny*, le mari de Desta écrit: «Huguette épousa ensuite un commerçant et demanda à l'époque qu'on respecte son secret: il ne fallait pas que l'on connaisse dans sa famille bien-pensante l'existence de l'enfant.»

Enfant de l'après-guerre, Johnny a surtout été victime des circonstances, lors de cette période troublée. Laeticia propose alors à Johnny que sa mère les rejoigne, viennent habiter avec eux. La vieille dame est malade, en fauteuil roulant. Johnny regarde des films en sa compagnie, se rapproche de sa mère biologique, se prend à l'appeler «maman» pour la première fois. Il a alors fait aménager la maison de Marnes-la-Coquette de façon à ce qu'elle puisse se déplacer avec son fauteuil. Huguette s'éteindra le 29 août 2007, à l'âge de 87 ans, dans une maison de repos non loin de Melun, en Seine-et-Marne.

Laeticia a aussi aidé son mari à fonder une nouvelle famille. Elle s'aperçoit qu'elle ne peut pas avoir d'enfants. Au début des années 2000, ils partent alors adopter au Viêtnam Jade, qui rejoint leur foyer en 2004. Joy suivra en 2008. Johnny, lorsqu'il parle de ses filles, rappelle toujours sa souffrance de n'avoir pas vu grandir ses aînés, David et Laura, tout en n'étant jamais avare en déclarations d'amour vis-à-vis de Jade et Joy. Il explique à de nombreuses reprises que c'est la première fois qu'il voit ses enfants partir et revenir de l'école. « J'aime les quatre enfants de la même façon, mais je suis vraiment attendri par ces deux petites[1]. » Tout est dans ce *mais*. Sur scène, il remercie systématiquement Jade, Joy et Laeticia, très rarement David et Laura. Avant le lever de rideau, Laeticia prend d'ailleurs grand soin de préparer ses propres entrées dans les tribunes avant les concerts, ses enfants dans les bras, afin de recueillir, elles aussi, les applaudissements du public. Pas facile à encaisser pour les deux aînés, David et Laura.

Jade et Joy sont traitées comme des princesses : à chacun de leurs anniversaires, elles sont couvertes de cadeaux et, lorsqu'ils sont dans leur villa de Saint-Barthélemy, Laeticia invite chez elle quasiment tous les enfants de l'île.

Laeticia répond aux attaques

De l'avis des proches de Johnny, Laeticia a beaucoup fait pour lui, en tentant de canaliser ses penchants pour l'alcool et la cigarette. « On ne peut pas lui enlever qu'en luttant sans répit contre ses addictions elle lui a fait gagner quelques années de vie supplémentaires », insiste l'un d'eux. Elle l'a aussi poussé à se stabiliser financièrement. Avant leur mariage, il n'avait que des dettes, ou presque. Là, il laisse quelques maisons et une certaine fortune. Dès la révélation des dernières volontés de

1. *Paris Match*, 12 novembre 2015.

son mari, Laeticia est devenue pourtant une cible, lâchée presque par tous. La charge la plus violente est certainement venue de Nathalie Baye, la mère de Laura :

> La multitude de mensonges et d'attaques circulant dans la presse et sur les réseaux sociaux me fait sortir de mon silence. J'apporte toute ma force et mon amour à David et Laura. Je connais Johnny, nous nous sommes aimés. Notre complicité et affection a été présente jusqu'à la fin. Johnny aimait ses enfants, les aînés David et Laura ainsi que Jade et Joy. Malheureusement, les aînés étaient les bêtes noires de leur belle-mère.
>
> Johnny en a beaucoup souffert, David et Laura aussi. Il y avait l'apparence, photos familiales à l'appui, mais la réalité était beaucoup moins gracieuse. Johnny lâchait prise, seules la musique et la scène le faisaient tenir. C'était un homme épuisé, très seul malgré le monde autour de lui, il dégageait depuis longtemps beaucoup de tristesse. Toute la famille Boudou est citée sur le testament, jusqu'au frère que Johnny ne supportait pas, tandis que David et Laura, artistes eux-mêmes, se voient refuser ne serait-ce que le droit d'écouter le projet d'album posthume de leur père. Être nié dans cette filiation artistique est reçu comme une vraie douleur et une grande injustice. Que faut-il faire pour retrouver la raison ? Tous ceux qui ont aimé Johnny ne peuvent que le souhaiter[1].

1. *Le Figaro*, 5 mars 2018.

Les accusations de Nathalie Baye sont graves. Laeticia n'oublie pas qu'elle a été présente pour elle et pour sa fille Laura dans les moments difficiles, comme lors de tous ces Noëls passés ensemble en famille. C'est en trop. Depuis la mort de Johnny Hallyday, Laeticia Hallyday était restée silencieuse. Le 12 avril 2018, elle s'exprime de Los Angeles dans l'hebdomadaire *Le Point* et explique que les déclarations de l'actrice lui ont fait mal, très mal : « J'avais un rapport très intime, complice avec elle. Au début, Nathalie avait vu d'un mauvais œil mon arrivée, ce que je peux comprendre, car mon mari a connu beaucoup de femmes avant moi. Elle devait se dire "Ce n'est sans doute pas la dernière". Mais avec le temps, nous nous sommes rapprochées. »

Lors de cet entretien, courant sur pas moins de quatorze pages et titré « C'était Johnny », la couverture donne le ton : lui seul a pris la décision d'écarter ses enfants aînés de sa succession, et personne d'autre. Laeticia rappelle, encore et encore : David le quinquagénaire a fait un beau mariage, il est un artiste reconnu, son père l'a aidé comme il a aidé Laura. Bref, ils sont sortis d'affaire. Son argumentaire n'a pas bougé.

Laura et David, encore. Laeticia raconte que la première a attendu six mois avant de rendre visite à son père alors qu'elle savait qu'il était malade, et David quatre. Qu'ils la remerciaient régulièrement pour tout ce qu'elle faisait, même si son mari souffrait d'apprendre que son fils était à Paris ou en Californie sans donner de nouvelles. « Là, il exprimait sa colère, très brute. On était loin de la poésie : "Tu vois, ils n'en ont rien à foutre de moi !". »

Au milieu de ce grand déballage, Laeticia lâche, au sujet de Johnny, qu'il était un « élu », qu'il avait « quelque chose de divin ». Des propos qui ont une étrange résonance, tant il semble qu'Hallyday se croyait immortel, se permettait des choses que les autres ne peuvent se permettre.

De sa maison de Pacific Palisades comme de celle de Saint-Barthélémy dans les Antilles françaises, Laeticia a tout vu, tout entendu des horreurs qui se disent et s'écrivent sur sa personne de l'autre côté de l'Atlantique. Ses filles aussi, même si leur mère tente de les préserver en les éloignant des réseaux sociaux.

Le retour à Paris

Un vrai défilé de mode, des jours et des jours durant dans les rues de Paris. Une grande fille descend d'une limousine, s'arrête devant les vitrines. Pendant tout l'été, Laeticia s'est recueillie presque tous les jours sur la tombe de son mari avec ses filles Jade et Joy. Elles sont de retour en France la deuxième semaine d'octobre 2018. Sans se cacher. Laeticia déjeune avec ses amies, se balade avec ses filles, passe voir son avocat, Me Ardavan Amir-Aslani. La fenêtre de tir entourant la sortie de l'album *Mon pays, c'est l'amour* le 19 octobre est étroite. Le vent a tourné. Quelques jours auparavant, Laura est allée se recueillir dans la maison de Marnes-la-Coquette encore déserte. Un signe de réconciliation ? Des négociations pour trouver un arrangement sont en cours, mais ce n'est pas gagné.

À Paris, Laeticia affiche toujours le sourire et ne fuit pas les photographes, bien au contraire. De loin, avec sa coiffure à la blondeur très californienne et ses looks tour à tour bohème ou rock, on dirait même parfois la silhouette de la Sylvie Vartan du début des années 1970. Durant ce passage à Paris, Laeticia s'est exprimée à la télévision et à la radio, répétant encore et encore qu'écarter les aînés de sa succession était la seule volonté de son mari. Elle assure aussi : « Un homme n'est pas toujours courageux pour dire les choses. Johnny avait ses failles[1]. » Johnny n'avait rien dit à personne, il a laissé derrière lui un héritage en forme d'imbroglio.

1. JT de TF1, 19 octobre 2018.

10

Le temps des projets, le temps des galères

Des lasers balaient les pieds de la tour Montparnasse, en ce 1er octobre 2003, au soir. De part et d'autre d'un long tapis rouge, les photographes attendent, aux aguets. Puis, à 23 heures, les flashs crépitent, ils arrivent enfin. Philippe Douste-Blazy, Jack Lang, Valérie-Anne Giscard d'Estaing, mais aussi le cinéaste Patrice Leconte, les acteurs Jean-Claude Van Damme, Paul Belmondo, le show-biz avec Eddie Barclay, la télé représentée par Michel Drucker, ou la télé-réalité incarnée par Loana, la musique avec Marc Cerrone, le rire façon Jean-Marie Bigard, les sportifs David Douillet et Jacques Lafitte, Paul-Loup Sulitzer… Le Tout-Paris veut être de la fête. Même la concurrence – de Cathy et David Guetta à Hubert Boukobza, propriétaires des Bains, en passant par Jean Roch, créateur du VIP Room –, tous sont venus assister à ce qui constitue l'événement de cet automne : l'inauguration de la « boîte de Johnny », chanteur alors encore au sommet de sa gloire.

La folie des grandeurs

Ses derniers albums ont été des succès et le public le suit toujours. Financièrement, le flamboyant flambeur semble sorti de l'impasse. Il est même parvenu à régler l'ardoise de 107 millions de francs contractée auprès de sa maison de disques, ces trente dernières années. La star de la chanson française pense avoir retrouvé la main. Il se trompe. L'année 2003 va être celle des très mauvaises décisions et des profonds bouleversements. Mais Johnny en ignore encore la portée, tout à sa fierté, pour l'instant, d'accueillir ses prestigieux invités.

Peu importe que l'idée de lancer une nouvelle discothèque vienne d'André, son beau-père, Hallyday mouille la chemise. Depuis des semaines, il fait partout la promotion de sa boîte. Il multiplie les interviews, annonce qu'il va y passer chaque soir, avec Laeticia de surcroît. Les fans se prennent à fantasmer et lui veut y croire, sans doute. Les deux hommes de la vie de Laeticia se sentent très proches. Passion pour les sports mécaniques, longues discussions sur le Paris-Dakar, ils partagent tant. L'idée de monter quelque chose ensemble les a toujours séduits. À un moment, ils ont même envisagé de créer un vin issu de vignobles héraultais. Il ne serait appelé Johnny, évidemment. Le projet n'a jamais pu voir le jour. La nuit, elle, va parvenir à les réunir. Alors cette association pour l'Amnesia, leur première affaire ensemble, prend le goût enivrant des premières fois. Le piquant des aventures prometteuses, des rêves qui se réalisent. Johnny voulait un lieu à lui, un endroit qui consacre son statut de star. Dédou, sous le charme de ce gendre qu'il adore, ne peut rien lui refuser. Surtout s'il imagine que ça peut rapporter… Les temps sont durs. Ses récents projets, la création d'un Amnesia dans la Roumanie post-communiste ou à Cannes, se sont écroulés. Avec cette entreprise parisienne, il tient sa revanche sur le destin. Et comble ses envies de démesure.

Les copains ont vu grand. C'est une copie de l'Amnesia de Miami, version rive gauche, à Paris. L'établissement, de 1 500 mètres carrés, le plus vaste depuis l'ouverture du Palace dans les années soixante-dix, pourra accueillir un bon millier de night-clubbers chaque soir sur l'une de ses deux pistes de danse. Le dimanche à 18 heures, le décor d'oasis en amphithéâtre avec palmiers, cascades d'eau et trois bars sera réservé à la clientèle gay. C'est le célèbre couturier Jean-Paul Gaultier qui inaugurera le « gay tea-dance ».

En attendant, ce soir-là, il n'y a pas que le show-biz à être de sortie. Les Renseignements généraux se sont aussi invités à la soirée. On retrouve des inspecteurs du côté du *dance floor*, et à l'extérieur, guettant les entrées et les sorties. Appareils photo en main. « C'était l'événement people, mais aussi celui des RG », s'amuse rétrospectivement un policier. La boîte de Johnny et d'André suscite beaucoup d'interrogations.

Amitiés corses

Son montage financier intrigue. Johnny possède 5 % des parts de la discothèque, payés essentiellement par les revenus des produits dérivés de sa marque. On retrouve aussi le prince Emmanuel-Philibert de Savoie, époux de l'actrice Clotilde Courau. Parrain de cette soirée, il passe surtout pour un grand habitué des placements internationaux. « Emmanuel de Savoie n'a pas mis un sou, on lui a offert une participation symbolique de 1 %. C'est lui qui a insisté pour rejoindre l'aventure », précise André Boudou. Un homme d'affaires du monde de la nuit, Stéphane Mouangué, s'associe également à la transaction. Tout comme le très discret Grégory Boudou, qui gère l'établissement. Mais les autorités s'intéressent surtout aux principaux actionnaires de la société par action simplifiée (SAS) Amnesia-Paris. Ceux que l'on n'identifie pas.

Amnesia-Paris, entreprise française, appartient principalement à deux sociétés de participations financières luxembourgeoises, Night Force Investissement et Blue Sky Corporation. « Avoir des sociétés au Luxembourg n'est pas illégal, feint de s'étonner André Boudou. C'est étrange, quand ce sont des hommes d'affaires du Cac 40, personne n'est choqué. » Seulement, parmi les actionnaires de la Blue Sky Corporation, comme l'écrit *Le Parisien*, « figurent deux sociétés offshore établies dans des paradis fiscaux où le secret bancaire règne en maître. Il s'agit de Lemoe Western Corp, basée dans les îles Vierges britanniques, et de Damidov Limited, enregistrée à Niue, un exotique archipel du Pacifique-Sud. »

Certains craignent que cette structure judicieusement ficelée ne cache la présence des Lantieri. Cette famille de Bonifacio, propriétaire de plusieurs établissements dont certains membres sont fichés au grand banditisme, a longtemps circulé dans le sillage des Boudou. « Ce sont des amis proches et des hommes d'affaires très sérieux que j'estime », précise André, qui n'a jamais caché sa proximité avec eux. Le père de Laeticia a même prêté le nom de sa franchise, l'Amnesia, à Paul Lantieri, afin qu'il crée à Bonifacio un clone de la fameuse discothèque. Le lancement a été un peu retardé. Trois mois avant son inauguration, l'architecte a été séquestré durant trois jours. Il s'en souvient encore. De sources policières concordantes, à la Via Note, une discothèque située non loin de là, à Porto-Vecchio, qui appartiendrait en sous-main à la bande de la Brise de mer, on voyait d'un mauvais œil l'arrivée de la concurrence… Et on avait raison. Après son ouverture, l'Amnesia devient un incontournable des nuits corses. Jusqu'à ce que cette boîte de nuit à ciel ouvert parte mystérieusement en fumée, lors d'un attentat, le 15 avril 2000. On comprend mieux les inquiétudes des ex-RG… « On avait peur qu'ils se servent du nom de Johnny pour monter un circuit de blanchiment d'argent en lien avec le milieu corse », confie un ancien des RG. Des soupçons qui n'ont jamais pu être étayés.

La mise en relation des Lantieri avec Boudou s'opère par l'entremise d'un autre Corse. « C'est Jean Casta qui m'a présenté la famille Lantieri, en compagnie du préfet Renucci », raconte un Dédou très à l'aise. Cet ex-pilote d'Air France, élu par la suite maire d'un petit village de Haute-Corse, sera arrêté en 2012. On le soupçonne, dans le cadre de l'enquête sur le cercle de jeux parisien Wagram, d'avoir joué le « convoyeur de fonds pour le compte des vrais patrons de l'établissement de jeux parisien». Chaque mois, une enveloppe était récupérée au cercle de jeux et acheminée en Corse, pour payer les membres de la bande de la Brise de mer.

Ces amitiés troubles alertent également les proches de Johnny. Daniel Vasconsin, son avocat pendant vingt ans, lui déconseille de s'associer à son beau-père dans cette affaire. Dans son entourage, on entonne le même refrain: «La passion de Johnny, c'était son public. On lui a tous dit: "Mais qu'est-ce que tu vas faire là-dedans?" », confie l'un d'entre eux. Le rockeur bottait en touche ou se taisait, préférant éviter le conflit. Il cédait. Il voyait sa boîte sur la rive droite, Boudou préférait la rive gauche. Et les proches se disaient impuissants. «On ne pouvait pas faire le moindre commentaire ou reproche à l'encontre d'André Boudou, car invariablement, Johnny disait: "Ne me parlez pas de la famille Boudou, c'est tabou."» Johnny vit alors une vraie lune de miel avec tout le clan.

Très amoureux de sa jeune épouse, le patron du rock cède à toutes ses demandes, dont la plus pressante: avoir des enfants. Touché par son désespoir de ne pouvoir devenir mère, il accompagne Laeticia à Hanoï, au Vietnam. En 2004, ils y adopteront Jade. Quatre ans plus tard, une petite fille, elle aussi née au Vietnam, viendra agrandir la famille. Johnny souhaitait un petit garçon. Il voulait même le prénommer Shane, comme le personnage principal de *L'Homme des vallées perdues*, l'un de ses westerns favoris. Tant pis. Ce sera finalement Joy et son regard rieur. Comblés, les Smet-Boudou profitent de cette période d'harmonie.

« J'ai décidé de remettre de l'ordre dans ses affaires »

Avec Dédou, les relations sont également au beau fixe. Johnny se sent proche de ce self-made-man. Il a envie de le pousser, de lui offrir un peu de sa notoriété. Quant au beau-père, il ne touche plus terre, heureux qu'une grande star ait choisi sa fille pour épouse. Le mariage people à Neuilly-sur-Seine de Johnny et Laeticia parachève ses rêves de show-biz et satisfait son goût pour les affaires. Très vite, il fourre d'ailleurs son nez dans le business de son gendre. Lui appelle cela « remettre de l'ordre », comme il le précise au *Monde*. Les pique-assiettes et autres vautours n'ont plus qu'à bien se tenir. Et ce ne sont pas de vains mots : il va les écarter.

À l'écouter, il ferait même gagner de l'argent au chanteur. Il se vante de lui avoir apporté le contrat avec Optic 2000, qui permet à Johnny de toucher plus de 500 000 euros par an de 2002 à 2011. Une version des faits contredite ensuite par Yves Guérin, le secrétaire général de cette structure coopérative. Cette mainmise du propriétaire de discothèques sur l'icône de la jeunesse déplaît de plus en plus aux amis. Mais ils se taisent. Il faut attendre le début des gros ennuis pour que leurs langues se délient.

Quatorze mois après le lancement en grande pompe de ce qui devait être la boîte du show-biz parisien, Johnny et Boudou doivent se rendre à l'évidence : l'Amnesia est un fiasco. Hallyday avait promis qu'il y donnerait des concerts, il n'y met pratiquement jamais les pieds. Pas plus que Laeticia. L'établissement est boudé par les VIP, en quête de lieux plus haut de gamme. À leur place se présentent des curieux en quête de personnalités estampillées « vu à la télé ». Pas exactement la clientèle qui commande les magnums de champagne et assure la rentabilité d'une boîte. En pleine crise économique du secteur des établissements de nuit, le lieu ferme ses portes, plombé par une énorme dette. Il change de mains en catimini. C'est une autre personnalité du monde de la nuit, Philippe Fatien, propriétaire à l'époque de quatre clubs dans la capitale (le Queen, le Bus Palladium, le Cab et Castel), qui le rachète, et le rebaptise le Mix Club. Il restera proche du chanteur jusqu'à la fin, jusqu'à la nuit de sa mort, à Marnes-la-Coquette.

Face à cette déroute financière, prévisible aux dires des intimes, certains commencent à poser des questions. Le chanteur lui-même s'interroge. À haute voix. Et s'il s'était fait rouler ? Après tout, il ne s'agirait pas de la première fois… Dès que cette petite musique lui revient aux oreilles, André Boudou donne de la voix : « Contrairement à ce qui se dit, Johnny, il n'a pas perdu un centime dans l'affaire de l'Amnesia-Paris. Au contraire, il a triplé son investissement. » Impossible cependant de connaître les chiffres, l'homme d'affaires n'aime pas étaler sa comptabilité. L'image de Boudou sort dégradée de l'aventure. Aujourd'hui encore, il s'en agace : « On a voulu nous faire passer pour des ploucs. Je pilote des avions, je suis commandant de bateau, je parle trois langues, j'ai fait vingt-six rallyes dans le désert, à part ça je suis un ringard ! »

Une déclaration de guerre aux « historiques », aux amis de toujours du rockeur qui, depuis sa romance avec Laeticia, sont vent debout contre le clan Boudou. Il faut dire que tout sépare ces Parisiens, stars du show-biz, acteurs, chanteurs ou gens du métier, ces habitués de Saint-Germain-des-Prés et de la rive gauche, des petits provinciaux du Sud qui ont fait fortune dans les pizzerias et les *dance floors* à ciel ouvert. Ces deux mondes ne se sont jamais compris, ces deux univers ne peuvent pas se supporter : ils ne possèdent ni les mêmes codes, ni les mêmes références. À défaut de pouvoir s'accorder ou s'ignorer, ils se font la guerre. Pour le plus grand plaisir de la star. « Johnny aimait semer la zizanie, il s'en amusait », répète un intime. Mais ces batailles qui, du vivant du rockeur, se déroulaient derrière les murs luxueux des lieux à la mode, s'étalent désormais à la vue de tous.

On l'attaque ? On met en doute ses qualités ? Dédou, qui a su se rendre indispensable auprès de l'idole, va se défendre. Il va évincer méthodiquement les gêneurs et les potentiels concurrents. « Johnny s'est fait avoir dans les grandes largeurs. [...] J'ai décidé de remettre de l'ordre dans ses affaires. Parce que c'est le mari de ma fille et accessoirement un type adorable que je ne supportais plus de voir se faire plumer. Il sait chanter, mais pas compter », justifiera-t-il dans *Le Monde* en 2004. Pour *Libération*, en 2005, Boudou en remet une couche : « Il était pillé, j'ai fait le ménage. » Rien que ça ! « Il sait tellement bien compter que lui-même est interdit de gestion depuis une condamnation pour fraude fiscale », ironise un inspecteur du fisc. En attendant, on se bouscule à la sortie...

Joël Devouges, le comptable, a fait les frais de cette reprise en mains par André. Beau-papa lui reproche de s'être fait rembourser 1,4 million d'euros de notes de taxi en trois ans... Le fiscaliste a lui aussi dû prendre la porte, accusé d'avoir été à l'origine des investissements malheureux à Saint-Martin. Impitoyable, le père de Laeticia ne laisse rien passer. Aidé de son conseiller fiscal, Olivier Picot, il a tenté de faire l'audit des affaires que Jean-Claude Camus, producteur depuis 1975 du rockeur, entretenait avec Johnny. Camus, agacé, a menacé de plier bagages. Il est finalement resté. Le businessman Marc Francelet, lui, n'aura pas ce choix : il a été renvoyé d'un simple SMS, comme un domestique, après quarante ans d'amitié, et un ultime coup de main.

Nettoyage par le vide

À cette époque, Johnny vit sous le coup d'une inculpation pour viol et risque les assises. Marie-Christine Vo, une jeune Niçoise qu'il avait embauchée comme hôtesse sur son yacht, affirme que la star a abusé d'elle, dans la nuit du 28 au 29 avril 2001. Sur son bateau. Sitôt connue, la nouvelle fait la une de toute la presse. C'est à Éric de Montgolfier, le très médiatique procureur de la République, que revient l'enquête. On comprend très vite, en ce début d'année 2004, que le scandale cause beaucoup de tort à la vedette. Y compris parmi ses fans. « Johnny craignait de se retrouver en prison, confie un proche. Gilles-Jean Portejoie, son avocat, a retrouvé un jour Marc Francelet à 17 heures au bar de l'hôtel Raphaël. Il lui a expliqué que le procureur voulait mettre Johnny derrière les barreaux. Marc Francelet est alors allé voir Franz-Olivier Giesbert, le directeur de la rédaction du *Point*, pour lui expliquer la pseudo-machination médiatique du procureur. » FOG met sur le coup deux journalistes de la rédaction, Jean-François Jacquier et Laurent Léger. « Quelques jours plus tard sort "Le procureur épinglé". Un article qui prend la défense du chanteur. La veille de sa parution, Francelet donne rendez-vous à Johnny au bar du Raphaël, afin qu'il puisse prendre connaissance du contenu du papier. Après lecture, Johnny enlace l'apporteur d'affaires et lui dit : "Tu m'as sauvé la vie", se souviennent des témoins. » De fait, l'artiste n'est pas convoqué par Montgolfier, qui choisit ce moment précis pour prendre des vacances.

Quelques semaines passent et un second article signé des deux mêmes plumes paraît. Cette fois, le clan Boudou est montré du doigt. Laeticia n'apprécie pas. Elle suggère l'idée que, si Francelet a pu susciter un papier favorable au *Point*, il ne peut qu'être à l'origine de ce brûlot. « En réalité, nuance l'entourage, dès le départ, André Boudou et Marc Francelet s'opposent l'un à l'autre. Francelet avait déconseillé à Johnny de quitter Universal et de porter plainte contre le label. Laeticia a donc profité de l'occasion pour se débarrasser de ce gêneur. » Avec succès. Plutôt que d'appeler son copain, Johnny a préféré lui envoyer un SMS de soixante-cinq signes : « Je sais que c'est toi qui es derrière cet article. Va au diable. »

Une brutalité d'autant plus incompréhensible que Francelet, *alias* « Marco les-bons-tuyaux », est un vieux copain, l'un de ceux avec qui il a bien rigolé. Nous rencontrons l'ex-grand reporter au *Monde* José-Alain

Fralon à la terrasse d'un café très sélect de la rive gauche. Il nous raconte l'anecdote suivante : en 1994, Marc Francelet arrive chez Edgard, le restaurant à la mode dans ces années-là, rue Marbeuf. Il aperçoit Johnny qui déjeune avec son ex-femme, Adeline Blondieau. La fille de son ami Long Chris, qu'il avait épousée en 1990 pour en divorcer deux ans plus tard. Il se dit que ces deux-là repartiraient bien pour une nouvelle romance. Les trois s'envolent à Acapulco, au frais du magazine *Paris Match* et Francelet leur fait alors une proposition qu'ils ne peuvent refuser : et s'ils se remariaient à Las Vegas ? Johnny demande cinquante patates. Francelet appelle Roger Thérond, le grand patron de *Match* à l'époque et lui met le marché en main. Banco. Thérond accepte. Johnny et Adeline se disent alors oui à la Graceland Wedding Chapel là où son idole, le King, s'est marié en 1967. Et Marc prend les photos. En attendant l'arrivée du reporter, Dany Jucaud, qui va faire l'interview des tourtereaux, les deux copains passent faire un petit tour dans la boutique Harley Davidson. Là, l'idole des jeunes tombe amoureux d'une incroyable bécane. « Il me la faut sinon pas d'interview », dit-il à Francelet qui rappelle Thérond. Il y en a pour 800 000 francs. Le directeur de *Match* réfléchit au papier qu'il va pouvoir vendre et accepte. Merci Marc ! Mais, visiblement, Johnny a la mémoire courte.

Un autre proche, poussé vers la sortie par Mme Hallyday, a dû également disparaître du jour au lendemain. Il s'agit d'Alan Coriolan, le fidèle garde du corps. Un *bodyguard* tellement dévoué qu'il a pris un coup de couteau à la place de Johnny en s'interposant entre son patron et un agresseur armé. Ce geste aurait pu lui coûter la vie, il y a laissé son job. Mais l'éviction a choqué les historiques: «Alan était un véritable compagnon de route, un frère de cœur, d'une immense loyauté et fidélité. Je n'aurais jamais imaginé que Johnny lui tourne le dos à jamais.» Si beaucoup tiennent à garder l'anonymat pour dire ce qu'ils pensent de l'attitude de leur idole, Desta Hallyday, la cousine du chanteur, semble ne craindre personne. En 2003, dans les colonnes de *VSD*, celle que le jeune Smet aimait comme une sœur écrit une lettre au rockeur pour le mettre en garde contre les pratiques des Boudou, comme on l'a évoqué plus haut: «Un à un, tous tes plus proches collaborateurs ou amis ont été écartés. Ça a commencé par Jacqueline, ta fidèle cuisinière, puis ça a été le tour de Franck, ton photographe attitré, d'Anne-Marie Allemand, ton attachée de presse, du journaliste Gilles Lhote, de Patrice Gaulupeau, qui t'a filmé pendant plus de dix ans, et de Daniel Dos Reis, ton préparateur physique.» Cette missive restera sans réponse mais non sans punition, puisque Desta se retrouvera privée de la pension que son cousin lui versait. Il n'y a pas de petite vengeance...

Non content d'isoler son gendre, André Boudou s'intronise conseiller du prince. Mauvais génie serait plus juste, comme en témoigne sa nouvelle initiative, qui se solde par un échec cuisant. Dédou a estimé que son gendre devrait rompre avec Universal, la maison de disques de Johnny depuis 1961. Il le convainc de partir et la star l'écoute... une fois encore.

Le 8 juillet 2003, le chanteur envoie une lettre à Pascal Nègre, patron de Universal Music France, dans laquelle il dénonce le contrat qui les lie depuis décembre 2002. Cet accord stipulait que Johnny devait rembourser ses dettes restantes vis-à-vis de la major, soit la somme de 448 161 euros, avant la fin de l'année 2015. Ce dont il s'acquittera. Surtout, il prévoyait le versement d'une avance de 1 million d'euros par album studio et de 500 000 euros par album *live*. Et ce, pour chacun des six albums à venir. L'interprète devait également toucher une redevance de 25 % à partir de 2,5 millions d'exemplaires distribués, ainsi qu'une autre de 7 % à 8 % sur les chansons existantes. Le problème, selon Boudou, c'est que cette redevance s'élevait à 17-18 % dans le contrat précédent. « Johnny s'est fait avoir dans les grandes largeurs, affirme le gérant de discothèques au *Monde* en 2004. Il ne touche que 7 % des ventes d'albums du *back catalogue*, ce qui représente 80 % de son chiffre d'affaires ! De plus, Universal a obtenu le droit de commercialiser son nom, son image, le marketing... » Et de conclure : « L'époque où tout le monde profitait de Johnny est révolue. » Une vraie déclaration de guerre ! Johnny demande donc à renégocier son contrat. Mais Universal refuse. Le chanteur choisit alors de s'en aller. Il obtient de n'enregistrer qu'un dernier album pour la major, au lieu des six prévus.

En novembre, le rockeur franchit une étape supplémentaire : il porte plainte aux prud'hommes contre le label. Il l'accuse de « vol, violences morales, taux usuraires et exercice illicite de l'activité de banquier » et réclame 55 millions d'euros de dommages ainsi que l'interdiction de commercialiser ses chansons. Il expliquera aux juges s'être engagé sur de nouveaux albums pour pouvoir rembourser les dettes qu'il avait contractées vis-à-vis d'Universal.

Le 24 juin 2004, une Mercedes noire s'arrête devant le conseil de prud'hommes du XIXe arrondissement de Paris. Lunettes noires et costume gris chic, un homme descend de la luxueuse voiture, suivi de son garde du corps. Intrigué par cette scène inhabituelle dans le quartier, les badauds s'attroupent. Ils ont juste le temps de voir une silhouette familière faire son entrée dans le bâtiment. Dans la salle d'audience, il ne reste plus une place de libre. Le personnel judiciaire est ravi de voir la star de si près. Un peu surpris aussi par sa venue. Mais Johnny ne voulait pas rater ce procès où se joue une partie de son avenir. Durant les débats, les reproches fusent. Universal s'est transformé en banquier, la major l'a spolié en se saisissant à la fois de ses propriétés immobilières (La Lorada à Saint-Tropez, ou la maison de Marnes-la-Coquette) et artistiques. Il s'agit, entre autres, des droits d'exploitation de son image, de sa marque, de son site internet… L'avocat de Johnny dénonce : la filiale de Vivendi l'a maintenu dans une « dépendance totale sur le plan financier » pendant vingt-cinq ans.

La réalité semble plus complexe. Universal a fait crédit à Johnny. Entre 1978, date du premier prêt pour régler ses impôts, et 1995, année où le flambeur fait face à un trou de 73 millions de francs, auxquels s'ajoutent les 13 millions dus à la major, la maison de disques a avancé plus de 15 millions d'euros à Johnny. Ça ne l'a pas arrêté. En 1996, la star fait un nouveau caprice : elle veut s'offrir un yacht valant 4 millions d'euros, *Only You*, pour se lancer dans un tour du monde. Johnny n'en a pas les moyens ? Qu'importe ! Universal paiera… avant de se rembourser sur la revente du joujou.

À la fin, le chanteur devait tellement d'argent à son créancier qu'il ne touchait plus rien sur les ventes d'albums et ne percevait plus de royalties. Ses gains étaient destinés à rembourser ses emprunts et à s'acquitter de ses impôts. C'est même Universal qui se chargeait d'envoyer directement l'argent au Trésor public. Mais rien n'est jamais gratuit. En contrepartie de ces services, chaque nouveau crédit se soldait par l'enregistrement d'un nouvel album. Un cercle vicieux.

Une affaire qui passionne, aussi. Dans les médias, on relate le procès, et Boudou est souvent montré du doigt. Ainsi Daniel Vaconsin, l'ancien avocat du rockeur, qui avait négocié les termes du contrat, explique dans les colonnes du *Monde* : « Soit ça marche, et c'est Boudou qui encaissera les bénéfices ; soit c'est un échec, et Johnny, qui est caution, paiera les pots cassés. » Et c'est Johnny qui a payé les pots cassés. En août 2004, le conseil de prud'hommes juge que les bandes originales de ses chansons doivent être rendues au rockeur, mais Universal Music France fait alors appel. En avril 2005, la puissante filiale de Vivendi obtient gain de cause : Johnny ne percevra pas de dédommagement et le label garde les mille titres de chansons dans son catalogue. C'est fini, l'idole a tout perdu. Un peu plus tard, sous couvert d'anonymat, les dirigeants de la major dénonceront « l'OPA lancée sur Johnny par un homme d'affaires qui ne connaît rien à l'industrie du disque ».

Les petites phrases n'intéressent pas Boudou, qui ne décolère pas. Car il avait un plan, paraît-il. Un rendez-vous avec Jean-René Fourtou, président du conseil de surveillance du groupe Vivendi, à l'époque. Les deux hommes se connaissent bien, ils partagent une folle passion pour le rugby. « J'étais à deux doigts de réussir la négociation afin que Johnny puisse reprendre son catalogue, confie André Boudou, et j'apprends qu'il signe avec la Warner et Thierry Chassagne. Sans m'avoir prévenu ! » Vantardise et excès de confiance en soi, taclent les anti-Boudou. Pour eux, l'idée d'attaquer Universal ne pouvait qu'être vouée à l'échec. Et d'expliquer : « Catherine Deneuve a joué dans des centaines de films, ce n'est pas pour autant que les films lui appartiennent. Johnny est interprète et auteur, mais les catalogues ne sont pas sa propriété. » Cette bataille homérique était donc perdue d'avance. Mais *in extremis*, le Taulier s'en sort.

Nouveaux départs

Car, en janvier 2006, le rockeur signe avec Warner. Cet accord, qui lui est favorable, lui permet de toucher 25 % de royalties sur les ventes d'albums. Pas mal : les autres artistes perçoivent généralement autour de 10 %. De plus, l'interprète recevra une avance de 3 millions d'euros. Une sorte de prime de bienvenue au moment de la signature. À ceux qui s'étonnent que Warner Music France ait pu parapher un tel document, le PDG du label, Thierry Chassagne, rétorque dans les colonnes du *Parisien*, en janvier 2006 : « Je n'ai pas l'habitude de travailler sur des contrats où je vais perdre de l'argent. Certains ont beau dire qu'avec Johnny la maison de disques ne gagne rien avant 700 000 CD vendus, nous accueillons un artiste dont les derniers albums se sont écoulés à 1,5 million d'exemplaires. »

Si les médias et les amis accablent André, Johnny, lui, reste magnanime. D'autant qu'en 2007 Boudou se voit à son tour rattrapé par les affaires. Un contrôle fiscal de la discothèque du Cap d'Agde datant de 1998 permet de débusquer une double comptabilité. En 2001, le fisc porte plainte contre le gérant pour « fraude, abus de biens sociaux et tenue de comptabilité falsifiée ». Dédou sera finalement condamné à six mois de prison avec sursis pour sa gestion de l'Amnesia, assortis d'une interdiction de gérer toute société. Impuissant face au fisc, Boudou décide de se faire un peu oublier. Il prend de la distance, y compris par rapport à son beau-fils, à qui il reproche son exil à Gstaad.

Janvier 2006. Pour échapper au Trésor public, Hallyday envisage de quitter la France. Il songe d'abord à la Belgique, où nombre de grandes fortunes se sont réfugiées, puis envisage Monaco. Mais la procédure s'annonce très longue et hasardeuse. Le couturier Daniel Hechter lui suggère de s'exiler en Suisse. Il lui présente Renaud Belnet, un avocat fiscaliste marseillais.

Décembre 2006. Johnny s'installe dans un grand chalet à Gstaad, le Courchevel suisse. Seulement, pour pouvoir bénéficier du forfait fiscal annuel de 607 000 euros négocié entre l'avocat et la Confédération helvétique, l'artiste doit demeurer six mois et un jour chez les Helvètes et y transférer toutes ses activités artistiques et commerciales. Cela suppose un changement de mode de vie auquel le globe-trotter rebelle se refusera : rien ne pourra l'empêcher de se partager entre la France, les États-Unis et les Caraïbes ! Plus grave encore, il ne transférera pas complètement ses actifs, qui relèveront toujours de l'administration française. Ces erreurs lui vaudront un redressement fiscal quelques années plus tard. On parle de 9 millions d'euros… Un nouveau fiasco. « Une grosse connerie », confirme son entourage.

Pour une fois, Boudou acquiesce, et il profite de cette énième bourde financière pour parachever le ménage autour de son gendre. Avec l'aide de Laeticia, qui s'affirme de plus en plus. Jean-Claude Camus, producteur de Johnny depuis 1982, fait les frais en 2010 de cet énième coup de balai. Tout comme des conseillers juridiques et le photographe des stars, Daniel Angeli, écarté sans ménagement : « J'ai été viré du jour au lendemain », explique-t-il à *Paris Match* en 2014. Agacé, il continue : « Depuis qu'elle est avec Johnny, Laeticia a eu la peau de tout le monde. D'aussi loin que je m'en souvienne, elle a toujours fait des crises pour faire virer les gens ! » L'ex-jeune fille timide a pris une sacrée assurance…

Boudou n'aura pas vraiment le temps de savourer ces petites victoires. En 2012, il est à nouveau condamné, toujours pour fraude fiscale, concernant l'Amnesia du Cap d'Agde. La cour d'appel de Montpellier lui inflige six mois de prison avec sursis et, surtout, le paiement des impôts non acquittés de 2000 à 2003. Un épisode judiciaire qu'il met carrément sur le compte de son gendre, dans *Le Parisien*: « Je paie peut-être tout le bien que j'ai fait à Johnny. Est-ce que ses anciens proches ont fait pression sur la justice ou est-ce l'administration fiscale qui a voulu faire de moi un exemple pour effrayer les autres ? »

Ces multiples condamnations et déboires financiers n'empêchent pas Dédou de couler des jours tranquilles dans la partie néerlandaise de l'île de Saint-Martin. Il affirme y vivre « avec une petite retraite ». Il habite dans une résidence ultra-sécurisée. « Oui, je voyage, j'habite Saint-Martin, j'ai bientôt soixante-dix ans, j'ai beaucoup travaillé, je voyage partout, j'ai des amis à Miami, au Canada, et alors ? », se contente-t-il de répondre à qui l'interroge sur son train de vie. Il est en revanche plutôt discret sur sa rupture avec Johnny. Elle remonte à 2014 et l'on n'en comprend pas vraiment les raisons. Dans un moment de colère, ce sanguin aurait-il prononcé des mots qui dépassent sa pensée ? des paroles qui blessent ? Est-ce Johnny seul qui a décidé de couper les ponts avec Boudou ? Laeticia le lui a-t-elle demandé ? Propriétaire avec son frère de Agathe SCI, la société civile immobilière qui détient l'Amnesia, Laeticia est impactée par le redressement fiscal de la boîte de nuit. Des casseroles qui décrédibilisent celle qui joue à la femme d'affaires, et ruinent son image, déjà bien écornée, comme se sont chargés de le lui rappeler ses proches. Une première raison d'écarter son père. Mais que penser de la place d'Elyette dans cette rupture ?

Mamy Rock aux manettes !

En 2012, la grand-mère paternelle de Laeticia fait son entrée dans les affaires de Johnny, et les liens se distendent encore un peu plus entre Boudou père et Boudou fille. D'autant que si elle réside officiellement à Marseillan, dans l'Hérault, la grand-mère paternelle passe sa vie aux côtés de Laeticia et Johnny depuis des années. En Suisse, à Saint-Barthélemy, aux États-Unis : elle les suit partout. Plus étonnant, Mamy Rock, accent du Sud et cheveux bien laqués, représente aussi toutes les sociétés françaises de Johnny. Elle est nommée présidente d'Artistes et Promotions, qui a encaissé les bénéfices de la tournée « Flashback » en 2006. Elle préside aussi les éditions musicales Pimiento Music, qui détiennent entre autres les droits du tube « Marie ». Ajoutées à ces sociétés, la SARL Mamour (le surnom donné par Laeticia à Johnny), créée pour encaisser les recettes de la tournée « Jamais seul » en 2012, et la SCI SLJ, société civile immobilière qui a acheté La Savannah, la splendide villa de Johnny à Marnes-la-Coquette. Une fois l'ancien dirigeant remercié, Mamy gère tout. Or, Elyette, très proche de sa petite-fille – « son ange », dira-t-elle à la presse –, ne possède aucune expérience en la matière. Elle n'a jamais dirigé d'entreprise importante, encore moins dans l'univers de Johnny, celui de la musique. Elle tenait juste une pizzeria à Marseillan... Quelle fin de carrière, pour une dame de quatre-vingt-trois ans !

Très vite, les questions se multiplient sur sa place et son rôle réel. Ce montage juridique louche sera très critiqué, notamment par Sylvie Vartan, mère de

David Hallyday, au micro d'Europe 1 : « La grand-mère a l'air très sympathique. Je ne sais pas quel est son passé artistique. Mais c'est comme si moi, j'allais diriger les Galeries Lafayette ! C'est quand même insensé ! » Cette configuration juridique pourrait-elle expliquer aussi la mise à distance de ce père adoré mais tellement encombrant ? Surtout dans la période cruciale qui s'annonce…

Quand Dédou dézingue

Qui va hériter de Johnny ? Aujourd'hui, plus que jamais, ses proches se déchirent sur la place publique. Il est question de millions bien sûr, mais aussi, comme toujours dans ce genre de situations, d'amour. Les passions n'ont pas fini de se déchaîner. En 2011, l'ex de Sylvie Vartan et de Nathalie Baye avait prévu de léguer son héritage à David et Laura. Bizarrement, cette année-là est celle de la détérioration de la relation du chanteur avec ses deux premiers enfants. La star du rock au caractère bien trempé aurait vu sa fille aînée en cachette de sa femme, Laeticia. Une version battue en brèche par Boudou, qui tire au bazooka sur le camp adverse.

Avec Daniel Hechter, il a failli en venir aux mains comme le racontent des proches du couturier. La rencontre, fortuite, entre ces deux hommes qui se détestent copieusement, a lieu en septembre 2018. Passionné de bateaux, Boudou se rend au Yachting Festival de Cannes qu'il adore. Mais dans les allées du plus grand salon nautique d'Europe, Dédou aperçoit au loin Daniel Hechter, un autre fou de mer. Ni une ni deux, il se dirige vers lui et lui fait savoir vertement son mécontentement. « Ce n'est pas bien ce que tu fais », accuse-t-il. Une référence directe aux propos d'Hechter qui reproche publiquement à Laetitia d'avoir fait le vide autour de Johnny et prend fait et cause pour ses beaux-enfants. « Je fais ce que je veux », rétorque le couturier en haussant le ton. Très vite, ils échangent des noms d'oiseaux sous le regard ébahis des passants. Quel chic ! Contactés par les auteurs, les deux protagonistes n'ont pas souhaité commenter cet incident. Mais Hechter n'est pas la cible principale de Boudou. Celle à qui il en veut le plus, c'est Sylvie Vartan.

André Boudou est persuadé que la première épouse de Johnny a organisé toute la stratégie pour attaquer en justice le testament. Elle aurait dans ce but réuni tout le monde autour d'elle, à Los Angeles, au moment de Noël. À défaut d'apporter des preuves, il attaque : « Le jour de l'hommage à la Madeleine, ma fille ressemblait à Jackie Kennedy, affirme-t-il. Sylvie Vartan ne l'a pas supporté. Il suffit de voir les regards noirs qu'elle lui lançait. [...] Ensuite, elle s'est précipitée sur les plateaux de télé pour dire que Johnny était son grand amour. Quel manque de tact ! Je n'aimerais pas être à la place de son mari », dézingue André. « Cette femme est réellement pathétique. Elle a profité de la mort du soi-disant amour de sa vie pour se précipiter au Rex et reprendre les tubes de son ex, présent sous forme d'un hologramme. C'est indécent. »

Sa dernière pique est pour Laura : « Je ne comprends pas. Elle adresse une lettre à son père décédé à l'AFP. Je ne savais pas que Johnny était domicilié à cette adresse. De qui se moque-t-on ? »

Effectivement, la question se pose…

11

Johnny et les politiques, une longue histoire

Lorsque le convoi arrive des Champs-Élysées, Emmanuel et Brigitte Macron sortent de leur véhicule, stationné à proximité de la Madeleine. Il fait froid. Le couple salue Laura et David, postés sur le parvis de l'église pour accueillir les prestigieux invités. Le corbillard avance lentement, la foule emmitouflée lance des «Johnny, Johnny!», hurlant son amour au chanteur. Laeticia, Jade et Joy marchent derrière la voiture noire. Lentement, elles se dirigent vers la cathédrale. La veuve enlace le président et serre contre elle la Première dame. Il est 13 heures, ce 9 décembre 2017, lorsque le chef de l'État s'avance vers le pupitre placé près de l'entrée principale de l'église et entame son éloge funèbre: «Nous sommes un peuple uni autour d'un de ses fils prodigues. [...] Pour nous, il était invincible, il était une part de notre pays.» Il invite les Français, où qu'ils soient, à applaudir Johnny pour «lui adresser un dernier salut» et «pour que le feu ne s'éteigne jamais».

Exercice obligé

Un hommage vibrant, émouvant, prononcé devant un parterre de célébrités, de personnalités politiques réunies pour les funérailles de l'icône. Rare moment d'union nationale... Il y a là des présidents ou leurs proches, ces amis qui le connaissaient bien. Claude Chirac, évidemment, qui représente son père, et Nicolas Sarkozy accompagné de son épouse, Carla Bruni. Valéry Giscard d'Estaing a fait parvenir une lettre de condoléances. Quoique moins intime du chanteur, François Hollande est présent avec sa compagne, Julie Gayet, très émue. Puis, pêle-mêle, on peut apercevoir dans la nef le Premier ministre Édouard Philippe, le ministre de l'Intérieur, Gérard Collomb, Françoise Nyssen, en charge de la Culture, Jean-Michel Blanquer, responsable de l'Éducation, mais aussi le vice-président de l'Assemblée et le président du Sénat. La maire de Paris, Anne Hidalgo, qui a fait inscrire pendant deux jours sur la tour Eiffel « Merci Johnny », se tient assise non loin de la présidente de la région Île-de-France, Valérie Pécresse. Il y a là, aussi, Jean-Pierre Raffarin, Laurence Parisot et même Marine Le Pen, bien que ne figurant pas sur la liste des invités... Qui veut défendre le peuple doit aussi savoir honorer ses morts. Les absents, Benoît Hamon ou Alexis Corbière entre autres, se sont fendus d'un tweet de condoléances.

Ne pas saluer l'homme aux 110 millions de disques vendus aurait relevé de la faute politique. Car, comme le dit avec lucidité Nicolas Sarkozy : « On ne peut pas être élu grâce aux artistes, mais on ne peut pas être élu contre eux.» Ne jamais insulter l'avenir, ni le passé! Comme aimantés par la notoriété de la star, que certains de ses fans, déboussolés, n'hésitent pas ce jour-là à qualifier de «dieu», les principaux acteurs de la vie politique se doivent donc tous d'assister à ses funérailles, en ce samedi après-midi. Ah, si cet amour pouvait se traduire dans les urnes...

Giscard à la barre

Il faut remonter à Valéry Giscard d'Estaing, incarnation alors du nouveau monde, pour voir une partie du show-biz commencer à se mêler franchement de politique. Plutôt en général engagées au côté de la gauche, y compris radicale, les vedettes qui en 1974 osent soutenir la campagne électorale de ce candidat de la droite modérée se comptent sur les doigts d'une main. La plus célèbre d'entre elles est Johnny Hallyday. Dès les années soixante, à l'instar d'Elvis – qui se fera photographier en grande tenue au côté de Richard Nixon, dans le Bureau ovale –, le chanteur a affiché un tropisme à droite qu'il avait d'abord gardé pour lui. Johnny pensait beaucoup de bien de Georges Pompidou – «les années Pompidou, c'était formidable. La France n'était pas au bord du désespoir, les gens s'amusaient» –, mais n'avait jamais exprimé ce soutien à voix haute. Avec Valéry Giscard d'Estaing, l'interprète de «Je t'aime, je t'aime, je t'aime» franchit le pas. En 1974, il mouille son T-shirt, barré de l'inscription «Giscard à la barre», pour celui qui aspire à la fonction suprême. Accompagné de Sylvie Vartan, Johnny va même jusqu'à apporter lui-même une corbeille de muguet au QG de VGE, rue de la Bienfaisance, et l'offre à Anne-Aymone Giscard d'Estaing, son épouse, et à leur fille, Valérie-Anne. Nous sommes alors à quatre jours du premier tour. Comme le relatera dans *L'Express* Dominique Bussereau, membre de l'équipe de campagne de VGE, ils emmènent ensuite Johnny déjeuner chez Lipp : «Au moment de porter un toast, voilà qu'il s'écrie : "Je suis sûr que Giscard sera élu Premier ministre !" Ses connaissances institutionnelles n'étaient pas son point fort.» C'est le moins que l'on puisse dire, et de son propre aveu d'ailleurs, Johnny ne vote plus depuis le départ de De Gaulle du pouvoir. L'abstention et la méconnaissance du système n'empêche pas les opinions tranchées, puisqu'il avouera dans son autobiographie coécrite avec Amanda Sthers, en 2013 : «Je n'aime pas la médiocrité, la gauche pousse à la médiocrité.» Cette icône de la droite acceptera pourtant de se produire dans les grandes manifestations de gauche, qui se l'arrachent.

On l'oublie, mais Johnny a en effet aussi chanté pour le Parti communiste, lors de sa traditionnelle fête de l'Humanité. Invité dès 1966, il revient en force en 1985 pour un concert mémorable, au cours duquel il succède à Georges Marchais sur l'estrade de La Courneuve. Dans le creux de la vague à l'époque, Johnny avait-il besoin de diversifier son public ? Mais de la «fête de l'Huma» au Fouquet's bien plus tard, le public lui réserve toujours le même accueil. Une *standing ovation.* En 1992, il accepte d'être la star d'un meeting de Bernard Tapie, alors tête de liste Énergie Sud dans les Bouches-du-Rhône, chef de file de la majorité en PACA et candidat à la présidence de la région. Il refusera, en revanche, les propositions du FN, au motif qu'il y a « des limites ».

Autre paradoxe, Johnny se dit proche depuis 1962 d'un ex-premier secrétaire du Parti communiste, Robert Hue. Car, avant les idées, il y a les hommes. Ceux avec qui il accroche. Le premier grand responsable politique avec lequel Johnny se sent très à l'aise est d'ailleurs un bon vivant, comme lui-même. Son nom : Jacques Chirac.

Soutien à Chirac

Les deux hommes ont été présentés par Jean-Pierre Pierre-Bloch, ex-député UDF et adjoint au maire de Paris. Dans les années soixante, ce fils de résistant avait été quelque temps le secrétaire particulier et le manager de Johnny. Leurs carrières ont ensuite emprunté des voies différentes, mais des liens forts ont perduré entre eux. Des liens presque familiaux, puisque Pierre-Bloch, décédé en 2013, était le parrain de David.

Chirac et Johnny possèdent nombre de points communs. Leur mauvaise image publique, d'abord. Aux yeux de l'intelligentsia et des artistes de la rive gauche, ces deux-là ont longtemps fait figure de « réacs » *has been* et peu cultivés. L'homme du Salon de l'agriculture et le loubard à la Harley se sentent – à raison – méprisés par Saint-Germain-des-Prés et toute une partie de la France. Ce rejet les a rapprochés, autant que leur personnalité : ces taiseux qui se comprennent sans se parler aiment boire un bon coup, dévorer des plats gargantuesques, et se montrent prêts à toutes les concessions pour avoir la paix! La paix vis-à-vis de Laeticia ou Bernadette, avec un clan trop présent, ou un entourage encombrant. Secrètement, le chanteur et l'ex-maire de Paris souffrent d'un même complexe – ils ne s'aiment pas – et d'une même angoisse: la peur de la solitude. Ils se sont trouvés, se reconnaissent et vont s'entraider.

Le 20 mars 1988, un mois avant le premier tour de la présidentielle, le Premier ministre de cohabitation de François Mitterrand organise un meeting à l'hippodrome de Vincennes. Johnny vient l'encourager. Devant 60 000 personnes, il lance: « Nous avons tous en nous quelque chose de Jacques Chirac. » Ce qui agacera profondément Michel Berger, auteur de « Quelque chose de Tennessee » qui, lui, soutenait le candidat socialiste. Ce tour de chant ne suffira pas à faire battre Tonton, mais Chirac n'oubliera jamais cet hommage appuyé et l'en remerciera le 24 janvier 1997 en le décorant de la Légion d'honneur.

En 2005, le monument de la chanson française intervient à nouveau dans le débat, à la demande du président Chirac. Le chef de l'État le prie de prendre clairement position en faveur du « oui » au référendum pour le traité de Maastricht. Johnny s'exécute sans discuter. Le 3 mai, il déclare sur France Info: « Si le non l'emporte, il y aura plein de gens qui quitteront la France. On ne peut pas, nous Français, rester en dehors de l'Europe. Ce serait faire marche arrière, ce ne serait pas bien. » En 2006, le même Johnny quitte l'Hexagone pour se réfugier – fiscalement parlant – à Gstaad, en Suisse... Chirac, sommé de réagir sur la désertion en rase campagne de son fidèle soutien, s'en désolidarise. Mais du bout des lèvres seulement: « J'apprécie énormément sur le plan humain comme sur le plan artistique Johnny Hallyday et son immense talent. Il n'en reste pas moins que je regrette un peu – si j'apprécie l'artiste – le comportement du citoyen. » En réalité, Chirac n'a pas du tout envie de tirer à boulets rouges sur le rockeur, qui n'éprouve pourtant même plus le besoin de se contrôler en sa présence.

Mimi Mathy raconte cette scène rocambolesque. En mai 2011, Johnny Hallyday et Jean-Claude Camus, son ancien producteur, avec lequel il était brouillé depuis près de cinq ans, se retrouvent par hasard dans la loge de Line Renaud. Ils se traitent de noms d'oiseaux et en viennent presque aux mains, comme s'ils étaient seuls. Et comme si Jacques et Bernadette Chirac n'assistaient pas à l'esclandre. Le couple présidentiel passera l'éponge, mettant cela sur le compte d'une extravagance d'artiste. D'autres, en Chiraquie, se montreront en revanche plus sourcilleux vis-à-vis des conventions.

Jean et Xavière Tibéri n'ont toujours pas digéré ce déjeuner avec Johnny et Camus. Comme à son habitude, l'artiste boit verre sur verre, et il descend plusieurs bouteilles de blanc. À la fin du repas, complètement ivre, il veut remercier le maire de Paris et son épouse, mais s'emmêle un peu les pinceaux: « Je voudrais remercier votre fils... », dira-t-il à Xavière, qui n'a pas apprécié de passer pour la mère de son mari.

Bernadette Chirac n'a pas ces pudeurs. Elle réfléchit avec le cœur, mais pense surtout en politique. Et la conseillère générale, adjointe au maire de Sarran, mesure à sa juste valeur tout le potentiel médiatique de Johnny. Présidente de la fondation Hôpitaux de Paris-Hôpitaux de France, elle a besoin d'une figure de proue pour son opération « Pièces jaunes », destinée à collecter des fonds pour des projets d'animation dans les services pédiatriques des hôpitaux. Devant les caméras, elle parle, explique. Lui n'a qu'une seule phrase : « C'est essentiel pour les enfants, nos enfants, cela peut arriver à tout le monde. » En 2007, face aux caméras de TF1 et devant des millions de téléspectateurs, Bernadette fait un geste inédit. Inouï. Elle pose une main sur l'épaule de Johnny et lui sourit. Jamais on ne l'a vue depuis se laisser aller à un tel geste d'affection. « Bernie » ne résiste pas à Johnny. Très vite, elle le place aussi sous sa protection.

En 2003, quelques semaines après l'ouverture contre lui d'une information judiciaire pour viol, Bernadette Chirac monte au créneau : « Les Français n'aiment pas que l'on touche à Johnny Hallyday, c'est une très mauvaise opération de s'attaquer à lui. » Un peu plus tard, elle récidive avec son désormais légendaire : « Il ne faut pas toucher à Johnny ! » Au-delà de ces mots, qu'elle pense bel et bien sans doute, Bernadette donne aussi de précieux coups de main. La Première dame use ainsi de son pouvoir pour faire accélérer la procédure d'adoption que les Hallyday ont lancée au Vietnam. Et, en juillet 2003, elle va jusqu'à en appeler à l'armée pour sécuriser un concert que son idole doit donner à Eyrein, près de Tulle. Il s'agit du « plus grand spectacle jamais organisé en Corrèze ». Son fief, sa région.

Deux jours avant le show, le 18 juillet, une centaine d'intermittents du spectacle en grève veulent bloquer le concert afin de faire entendre leurs revendications. Deux mille autres personnes sont attendues le jour même, en renfort. Alain Prissette, ex-section Presse des RG, se souvient encore de ce branle-bas de combat. « Johnny devait se produire sur scène le 20 juillet, et la Première dame voulait s'assurer que le show serait complètement sécurisé. Elle a insisté pour que les gendarmes mobiles se déplacent et assurent l'ordre sur le terrain. Elle a aussi demandé à ce que les grévistes et les non-grévistes chargés de la décoration soient strictement séparés. Enfin, un temps, elle a même envisagé d'envoyer un hélicoptère pour faire venir le chanteur sans encombre. » Au final, huit escadrons de gendarmerie mobile et de CRS, des hélicoptères et des soldats ont été mobilisés pour que l'idole puisse chanter. Et les Chirac d'assister tranquillement à la prestation du roi du rock...

Sarkozy, le véritable ami

La grande amitié politique de Hallyday, c'est Nicolas Sarkozy. Le futur président se souvient de son premier concert à l'Olympia. Il a onze ou douze ans, et est accompagné de sa maman. Un vrai rêve de gosse. S'il connaît déjà tous les titres, la bête de scène l'impressionne. Il prétendra l'avoir vu plus de deux cents fois en concert. Il fut un temps où il écoutait même « L'envie d'avoir envie » le matin, en se rasant... Avant de le passer en introduction de ses meetings, durant la présidentielle de 2008. Pas complexé, on l'a même vu faire un karaoké sur une chanson de Johnny dans l'émission *Thé ou café*. À écouter Hallyday parler à Amanda Sthers du futur chef de l'État, l'admiration semble réciproque : « Il a officié dans la salle des mariages et son discours était génial. Il est très drôle et fin. Nicolas est un ami. C'est un type bien. Un homme que j'aime en dehors de son appartenance politique. Il aurait été socialiste, ça aurait été mon pote aussi. »

Johnny a décidé de l'aider à conquérir le cœur des Français. En 2006, le rebelle prend sa carte de l'UMP, avec Laeticia. Et il le fait savoir. Pour ceux qui auraient encore un doute, il pose au milieu de Jean-Claude Gaudin et de François Fillon, lors de l'université du parti, organisée à Marseille en septembre 2006. En 2007, la campagne bat son plein. Tandis que Ségolène Royal rallie à elle la majorité des people, Johnny décide de conforter son copain, artistiquement un peu isolé. Il assiste à l'un de ses meetings. Au premier plan, avec Laeticia et David. Les caciques de l'UMP exultent. Par opportunisme ou réel amour du chanteur, tous affichent leur « Johnnymania ». On se souvient des imitations de Jean-Pierre Raffarin, des hommages appuyés de Rachida Dati ou bien encore des louanges de Xavier Bertrand et de Michèle Alliot-Marie. Certains, comme Nadine Morano ou Luc Chatel, s'affichent carrément dans les concerts, telles des groupies. Histoire de faire proche, très proche des fans de Johnny, qui ont une image de public « France profonde ». Un atout électoral dont il serait bien dommage de se priver… Cette volonté de récupérer l'étendard populaire va si loin qu'au lendemain de son décès Christian Estrosi annoncera, sur France Bleu Azur, qu'il s'engage à baptiser une rue de Nice du nom du chanteur. Une promesse que le maire tarde encore à honorer, si tant est qu'il l'honorera un jour. Car, avec ces affaires d'héritage, l'image de l'idole nationale s'abîme. Il est sans doute urgent d'attendre.

De son côté, Sarkozy ne ménage pas ses efforts pour son copain. Son exil fiscal en Suisse sème le trouble ? En quête de rupture avec l'ancien président de la République Jacques Chirac, Sarko profite de cette polémique pour faire d'une pierre deux coups : défendre les choix de l'artiste et pointer du doigt une politique qui empêche de « vivre en France même quand on y réussit » ! Qu'a pensé Jacques Chirac à ce moment-là, lui l'ennemi juré de l'ancien ministre de l'Intérieur ?

Durant son mandat, Nicolas Sarkozy tient à garder l'amitié de ce monument de la chanson française qu'est devenu Johnny. En 2009, il lui permet d'accéder au statut de chanteur quasi officiel. C'est en effet Johnny Hallyday qui est choisi pour assurer un concert du 14 juillet au pied de la tour Eiffel, devant un million de personnes, dont une flopée de ministres et chefs de parti. À son secrétaire général, Claude Guéant, Nicolas Sarkozy demande de discuter avec le patron de France 2 pour que la chaîne publique accorde une émission à David Hallyday. Dans les colonnes de *Marianne*, le patron de France Télévisions, Patrice Duhamel, rapporte les propos de Guéant : « Écoutez, essayez de faire quelque chose parce que le président est furieux. Il est triste. Johnny ne le prend plus au téléphone parce que son fils n'a pas d'émission.» En vain... David n'aura jamais son show. Certains font remonter la rupture entre le chanteur et le politique à cette époque. Qui sait?

Il est vrai qu'en 2012 le chanteur affiche plusieurs fois publiquement ses doutes sur ce président qui l'a déçu. Politiquement? Humainement? Il finira par soutenir sa réélection, *via* un communiqué un peu froid. Pierre Charon, lui, voit plutôt dans cette attitude une sorte de caprice de star. «Nicolas Sarkozy entretenait une relation très personnelle avec Johnny, confie-t-il. Il l'a marié avec Laeticia lorsqu'il était maire de Neuilly. Avec Michel Sardou, ils formaient la bande des trois. Mais, avec les artistes, c'est très particulier. Dès que cela gêne leur carrière, ils prennent la poudre d'escampette.» Parce que les politiques, eux, seraient d'une loyauté à toute épreuve?

Adieu à la politique

En 2012, Johnny promet qu'on ne l'y reprendra plus: pour lui, la politique, c'est fini. Ça tombe bien, avec François Hollande, ils se connaissent à peine. Lors de la campagne présidentielle de 2012, l'icône fait savoir qu'après le fameux discours du Bourget il a dîné avec le candidat socialiste et estime qu'il sera «certainement, et je l'espère, un très bon président pour la France». Il n'en dira pas plus. Pas rancunier, le locataire de l'Élysée se tournera vers l'inaltérable Johnny, très marqué par les attentats terroristes, quand il faudra choisir un symbole de la France pour commémorer la tuerie de *Charlie Hebdo*. Ce sera l'émouvant « Un dimanche de janvier » (écrit par Jeanne Cherhal), place de la République, le 10 janvier 2016.

C'est en ces années que l'artiste et Manuel Valls se rapprochent, eux aussi. Le Catalan, qui a déjà vu plusieurs concerts de Johnny, assiste à une représentation des Vieilles Canailles, et les deux hommes passent un certain nombre de soirées ensemble. Est-ce à ce moment que Johnny prend conscience que la couleur politique compte finalement très peu ? En 2015, il opère une sorte de *mea culpa.* Il déclare dans une interview, à *Paris Match* : « J'ai dit trop de conneries qui se sont retournées contre moi. Je regrette la plupart des choses que j'ai pu dire, souvent par maladresse. Cela m'a renvoyé à ce que je suis : un musicien qui n'est pas armé pour parler de politique. »

Cette constatation ne l'empêche pas de fréquenter des responsables nationaux. Johnny étant très proche de Line Renaud, elle-même intime d'Emmanuel Macron, les Macron et les Hallyday s'affichent ensemble. Une photo publiée par Laeticia sur Instagram montre le futur couple présidentiel en train de fêter l'anniversaire de la chanteuse en compagnie des Hallyday. Même si Johnny salue lors d'un concert la victoire de son ami Emmanuel Macron après son élection, il s'est abstenu de tout soutien public lors de la campagne de 2017. Et pourtant, si l'on en croit Gaspard Gantzer qui, entre 2002 et 2004, était dans la même promotion de l'ENA que le président de la République, le jeune Macron aime chanter du Johnny. « On s'est fait deux ou trois karaokés, notamment un à Strasbourg qui s'appelait Le Bunnie's, vraiment bas de gamme mais très sympa, on a chanté "Que je t'aime" de Johnny», confie-t-il à *Playboy* en 2007. Le fondateur d'En Marche sera en tout cas le dernier chef de l'État à côtoyer la star et son épouse. Brigitte Macron adorait sa compagnie et reste très proche de Laeticia. Ils seront les premiers des Français à apprendre la mort du chanteur, Laeticia a le sens des priorités... Le président lui offrira des obsèques presque nationales.

Tout ça pour quoi ?

Johnny a collectionné les relations avec les politiques, mais pour quelle raison ? Une envie de pouvoir ? Avec des millions de fans à ses pieds, il n'en avait pas besoin. Un coup de main, par-ci par-là ? La thèse paraît déjà plus probable. « D'abord, on ne peut s'empêcher de penser à cette "ardoise fiscale" que Johnny a trimballée toute sa carrière. Les hommes politiques auraient fait beaucoup de promesses pour régulariser la situation du chanteur, des promesses pas toujours tenues », souligne un sénateur qui tient à garder l'anonymat. À défaut de se voir soulagé financièrement, il demandait parfois des passe-droits. Avec plus ou moins de succès.

En septembre 1998, Johnny s'apprête à donner quatre concerts au Stade de France, à Saint-Denis. Il est l'un des premiers grands artistes français à se produire dans l'arène, inaugurée depuis peu. Le spectacle doit être à la hauteur. Ce qu'il a imaginé a de l'allure. Le rockeur veut se faire déposer sur le toit du stade par un hélicoptère piloté par Michel Drucker, disparaître, puis réapparaître quelques instants plus tard au milieu de l'arène, tandis que résonnent les premières notes de « Toute la musique que j'aime ». Impressionnant. À un détail près : ce concert n'aura jamais lieu. Le 4 septembre, il pleut à verse et les installations électriques sont noyées. Dans les loges, Jean-Louis Debré, Philippe Séguin, Alain Carignon ou encore Robert Hue, pour ne parler que des politiques, trompent l'attente à coups de petits fours et de champagne. Dehors, le public fait la ola et patiente. Mais à 21 heures, Jean-Claude Camus annonce, la mort dans l'âme, que les spectateurs se sont déplacés pour rien. S'ils ne perdent pas leur billet, ceux qui viennent de loin ne sont pas censés se faire rembourser leur train... C'est à ce moment-là que Johnny fait appel à ses appuis politiques.

Il connaît Jean-Claude Gayssot, le médiatique ministre de l'Équipement, des Transports et du Logement du gouvernement de Lionel Jospin. Un communiste. Johnny lui raconte les intempéries, les 70 000 spectateurs renvoyés dans leurs foyers. Le ministre accepte de lui donner un coup de pouce. Après tout, c'est la cause du peuple qu'il défend. Il contacte donc le président de la SNCF, Louis Gallois, et lui demande un geste commercial en direction des fans qui ont vu leur concert annulé. Le patron de la société nationale s'exécute. « Ils étaient très contents et ils m'avaient invité à un concert », racontera l'ancien ministre à *Midi Libre*. Et de cette affaire naîtra une méprise. Johnny en a-t-il déduit que l'on pouvait demander toutes sortes de services à un ministre ? Même sympa, un membre du gouvernement n'est pas, ne peut être un copain comme les autres. Le chanteur va l'apprendre à ses dépens.

En 2000, un déjeuner est organisé à Paris avec André Boudou, Jean-Claude Camus, Johnny, Laeticia et le même Gayssot. Très vite, la discussion tourne autour de l'ouverture d'un Amnesia à Cannes, à laquelle Boudou tient beaucoup. Mais il manque des autorisations administratives... Le ministre comprend qu'on lui demande un appui politique pour faire avancer le dossier et faciliter les démarches. Il se vexe. « Si j'avais pensé que c'était le but du repas, je leur aurais dit que ce n'était pas la peine qu'on déjeune ensemble. Mais j'ai répondu par la négative sur la possibilité de faire quoi que ce soit. » Cannes n'aura jamais son Amnesia XXL.

Longtemps, Johnny, en tant que personnage public, a incarné la droite et ses valeurs, parfois jusqu'à la caricature. Moins par conviction sans doute – en a-t-il vraiment eu dans ce domaine ? – que par le hasard des rencontres. La force des coups de cœur et des amitiés. La puissance des intérêts qui s'entrecroisent. En soixante ans de carrière, le chanteur aura fréquenté, hormis de Gaulle et Pompidou qu'il n'était pas question d'approcher, les principaux acteurs de la vie politique de la Ve République. Tantôt impressionné, tantôt déçu par ces grands fauves, il finira par garder ses opinions pour lui.

Le 9 décembre 2017, ce sont eux qui sont venus lui rendre hommage. Chercher une dernière fois son soutien. Et comme les millions de fans endeuillés ce jour-là, ils avaient tous en eux quelque chose de Johnny.

Épilogue

Et maintenant ?

Rien. Rien n'a changé pour les inconditionnels de Johnny Hallyday. Leur idole n'est pas morte. Elle ne peut pas mourir puisque ses chansons accompagnent chaque moment de leur vie.

De « Que je t'aime… » à « Gabrielle », Johnny est le copain qui a toujours été présent, à chaque moment de leur existence. Si intimement lié à eux qu'il fait partie de la famille. On chante ses tubes, on pleure sur les paroles, on prend du recul, on fait face aux coups durs, on aime à corps perdu. On se souvient de la vie qui passe, de ses hauts et de ses bas. Et comme Johnny a toujours été là, pour eux, avec eux, lorsque son testament sonore est enfin mis en vente, ils se précipitent.

Sorti dans la nuit du jeudi au vendredi 19 octobre 2018, son dernier album, *Mon pays, c'est l'amour* s'est vendu à cent mille exemplaires en quelques heures. Il est d'ores et déjà certifié disque de platine. Un record – encore un – rarement égalé. Laeticia ne peut que se féliciter de cet énorme succès, elle qui a tant soigné la sortie de ces onze titres posthumes. Elle pensait même profiter de ce moment de grâce pour redonner un peu de lustre à son image, écornée au moment de la disparition de son mari. La bataille que la dernière épouse du chanteur et ses beaux-enfants, David et Laura, se livrent pour l'héritage de la star, a été dévastatrice pour elle. Qui supporte de ne pas être aimé ? Car enfin, soyons honnêtes, Laeticia n'a jamais eu vraiment bonne presse chez les fans et les Français. Comme si la belle-mère ne pouvait être au fond qu'une marâtre, une femme intéressée. Qui plus est lorsqu'elle a tant d'années de moins que leur idole.

Certains fans ont même lancé une pétition sur le Net proposant de boycotter l'ultime opus de la star ou d'utiliser les revenus de sa vente pour créer un musée Johnny Hallyday. Leur principal argument : « Nous sommes déçus de tout ce qui se passe autour et après la mort de Johnny. »

Les derniers rebondissements dans cette affaire d'héritage n'ont pas davantage servi Laeticia. Les négociations entre son avocat et ceux des aînés du chanteur ont échoué. La réconciliation ne semble pas en vue.

Qu'importe ! Les Français regardent ces disputes avec un mélange de curiosité et d'indifférence. Car, pour eux, Johnny, ce n'est pas cela. Johnny, c'est le compagnon d'une vie.

C'est la vie, quoi qu'il advienne.

Bibliographie

Bernett Sam, *Hallyday, Rock'n'roll attitude*, Albin Michel, 2005.

Bigot Yves, *Quelque chose en nous de Michel Berger*, Don Quichotte, 2012.

Le Bourhis Éric, *Johnny, l'incroyable histoire*, éditions Prisma, 2012.

Lhote Gilles, Hallyday Johnny, *Destroy*, Michel Lafon, 2018.

Manœuvre Philippe, Hallyday Johnny, *La Terre promise*, Fayard, 2015.

Quinonero Frédéric, *Johnny immortel*, L'Archipel, 2017.

Sthers Amanda, Hallyday Johnny, *Dans mes yeux*, Plon, 2013.

Entretiens

Me Ardavan Amir-Aslani, avocat de Laeticia Hallyday : 7 septembre 2018.

José d'Arrigo, journaliste : 12 août 2018.

Jean-François Barberi, ancien de la brigade des stupéfiants à Marseille : 2 juin 2018.

Sam Bernett, journaliste et proche de Johnny : 12 septembre 2018.

André Boudou: 31 août, les 1er, 3 et 10 septembre, et le 16 octobre 2018.

Pierre Charon, sénateur: 17 septembre 2018.

Jean-Jacques Debout, auteur-compositeur-interprète: 17 septembre 2018.

Didier Denestebe, journaliste au Cap d'Agde: 11 septembre 2018.

Me Corinne Dreyfus-Schmidt, avocate de Laura Smet: 27 septembre 2018.

Me Carine Piccio et Me Pierre-Jean Douvier, avocats de David Hallyday: 28 et 29 septembre 2018.

Me Hervé Temime, avocat de Laura Smet: 18 septembre 2018.

Jean-Benoît Vion, correspondant de RTL Marseille et ami de Johnny Hallyday: 7 et 16 août 2018.

Les autres interlocuteurs ont préférés rester anonymes.

Table

Cet ouvrage a été composé
Par Atlant'Communication au Bernard (Vendée)

Impression réalisée par
CPI France
en novembre 2018
pour le compte des Éditions de l'Archipel
département éditorial
de la S.A.S. Écriture-Communication.

Imprimé en France
N° d'impression : 3030180
Dépôt légal : novembre 2018